MERIAN *momente*

W0181425

GARDASEE

SONJA STILL

DEN GARDASEE ENTDECKEN 4

DEN GARDASEE ERLEBEN 20

DEN GARDASEE ERKUNDEN 68

TOUREN UM DEN GARDASEE 158

DEN GARDASEE ERFASSEN 166

KARTEN UND PLÄNE

Der Norden

Das Westufer

Gardasee

Das Ostufer

Der Süden

DEN GARDASEE
ENTDECKEN

Besonders schön zum Sonnenuntergang:
Bardolinos Promenade (▶ S. 84).

MEIN GARDASEE

Er ist das Tor zum Süden. Ein See wie ein Meer. Ein Landeplatz
für die Seele. Die Berge scheinen hier himmelhoch. Saftige Wiesen,
wilde Wälder und üppige Weinberge umrahmen seine Ufer.
Freundliche Menschen heißen Sie herzlich willkommen.

In meiner Liebe zum Gardasee bin ich treu. Wann die Liebe begann, das lässt sich nicht mehr festlegen. Es muss sehr früh gewesen sein. In der Erinnerung hat »mia mama« mir als Kind immer italienische Schlager vorgesummt. Sie erzählt bis heute bei jedem Gespräch, in dem es sich um den Gardasee dreht, dass sie in jungen Jahren oft auf Papas BMW R 27 von München nach Salò cruisten und es sich dort gut gehen ließen. Irgendwie wurde mir also die Liebe zum See schon früh weitergegeben. Seitdem heißt mein Ziel immer wieder: Gardasee. Zum Auftanken nach stressigen Jobs oder auf der Flucht vor dem tristen Grau im langen nordalpinen Winter, weil Freunde einen zum Segeln mitnehmen oder Freundinnen ganz dort hingezogen sind. Und manchmal auch nur so.

◀ Ein sonniger Blick vom Monte Baldo
(▶ MERIAN TopTen, S. 74) nach Süden.

Es ist das Licht, das mich so sehr für diesen See erwärmt. Hier hält die Sonne das ganze Jahr über das, was man sich von ihr verspricht. Ihre Strahlen leuchten tief und haben jeden Monat eine andere Wirkung. Sanft im April, frisch im Mai, froh im Juni, überschwänglich im Juli und Tiefenwärme gibt es dann im August. Der September wird schon wieder milder, und im Oktober und November wärmt sie gnädig, trotz der Jahreszeit. Zwischen den Jahren habe ich sie ganz neu entdeckt: Diesig weckt sie einen am Morgen, glänzt am Mittag und verschwimmt in einem diffusen Blau zu später Nachmittagsstunde. Man fällt dabei ein wenig aus der Zeit und landet ganz und gar in der Ruhe.

Liebe, Licht und Genuss kommen am Gardasee also gut zusammen. Der Geruch von frischem Trüffel oder gebratenen Maroni im Herbst, die sanften Düfte von Frühlingsblumen, wenn der Schnee vom Monte Baldo weicht, dann der Rausch von leuchtendem Gelb, wenn der Goldregen blüht. Im Sommer zirpen die Grillen und kleine Glühwürmchen zaubern Funken in die Luft. Dabei wellt sich das tiefblaue Wasser sanft an eine Hafenmauer und zerren die kleinen Boote an den Tauen. Es gibt viele Lieblingsplätze, jeder hat seinen ganz eigenen Charme. Und genau das ist die Schwierigkeit: Jede Ecke ist auch ein bisschen ein kleines Geheimnis. Soll man die alle verraten? Während dieser Reiseführer entstand, gab es viele und tiefe Bekenntnisse von Freunden zu Freuden des Gardasees.

DER SPORTLICHE NORDEN …

Es ist hier so imposant, so wild. Zerklüftete Felswände und das mächtige Massiv des Monte Baldo. »Sportlich kannst du alles machen«, schwärmt Sassi, die hier vor Jahren der Liebe wegen hängen blieb. Das Rock Master Festival war in ihrer Jugend ein Insider-Event, heute ist es weltberühmt. Was sie damals so faszinierte, ist heute der Spaß ihrer Kinder. Sie klettern inzwischen selbst waghalsige Touren oder stürmen mit dem Vater auf dem Mountainbike die Berge. Jutta wiederum hat seit Jahren in Arco ihr zweites Zuhause. »Du musst unbedingt vor Weihnachten kommen«, schreibt sie. »Die neuere Habsburgernostalgie belebt das Städtchen«, und lädt gleich ein, zum Mercato di Natale, der ab Mitte November den gesamten Stadtplatz von Arco mit Lichtprojektionen und die Burg mit Lichtbändern illuminiert. Dann führt sie für den Rest des Jahres noch allerlei Radtouren durchs Sarcatal auf und endet mit dem Tipp: »In Rovereto kann man einen ganzen Regentag bestens im MART verbringen. Die Qualität der dortigen Kunstsammlung steht München in nichts nach!« »Ja, ja. Kunst gibt es auch viel«, wiegelt Helmut ab. Sein Ziel heißt immer schon Torbole. Manchmal fährt er noch bis Riva del Garda. Aber das ist schon das äußerste Zugeständnis an seine Frau Sandra, die dort unbedingt shoppen will. Sonst sind sich die beiden einfach einig, dass sie spätestens um Ostern zum Surfen an den See müssen. Da wird dann gefachsimpelt über den Wind. Ob Peler oder Ora, einig sind sie sich, dass der Wind echt gemein sein kann, böig mal, mal sehr heftig, aber er kommt auf jeden Fall und bleibt nicht aus. Und das ist's, was zählt für die Wassersportler, die erschöpft, aber glücklich, hier ihre Energie tanken.

DER ENTSPANNTE WESTEN …

»Wir sind nicht solche Sportskanonen«, gesteht Mai. Sie liebt das Dolcefarniente, das gepflegte Dasein in den stilvollen Hotels von Gargnano. Die alte Pracht, das herrliche Essen, ein Spa- und Wellness-Tag in bester Lage überm See, ein Spaziergang durch den Schatten der Bäume in André Hellers Garten, das ist das Schönste für sie und ihren Mann. Manchmal treffen sie sich mit Freunden, die auch schon seit vielen Jahren hier den Urlaub verbringen. »Wir kommen nun schon bestimmt zwei Jahrzehnte, immer im Juni, hierher. Und immer gibt es etwas Neues zu entdecken.« Petra hat im letzten Jahr den Weg zu den Papiermühlen im Valle delle Cartiere gefunden. Sie liebt schönes Papier und da hat sie gesehen, wie es einmal hergestellt wurde. »Es gibt dort auch tolle Konzerte«, erzählt sie. Und was sie noch empfehlen kann? »Mit dem Cabrio die Gardesana hinauf nach Riva und drüben auf der Ostseite dann bis nach Torri del Benaco hinunterfahren. Von da aus geht es mit der Fähre zurück«, strahlt sie. »Man ist auf Kreuzfahrt mitten in den Bergen und fährt abends direkt in den Sonnenuntergang hinein«.

DER SCHÖNE SÜDEN …

Jeder spricht von seiner Liebe zum See. Dass der Gardasee auch nerven kann, gerade im Sommer, wenn alle dorthin wollen, wenn sich auf der Gardesana die Autos wie auf einer Perlenkette rings um den See reihen – das ist kein Thema. So ist das eben mit den großen Lieben: Man akzeptiert auch ihre Fehler. Man muss Sirmione einfach schön finden, auch wenn es im Juli total überlaufen ist. Man will einfach dabei sein, wenn zu Ferragosto die Italiener ihre Kinder ins Gardaland kutschieren. Und wem es wirklich zu viel wird, der kann ja eine Fahrradtour durch die Weinberge abseits der großen Touristentracks unternehmen, sich danach bei einem frischen Lugana oder Sprizz erholen. Spätestens, wenn in Valeggio sul Mincio das Tortellini-Fest auf der Visconti-Brücke steigt, sind es nicht unglaublich viele Menschen, die da unterwegs sind, sondern irgendwie Pasta-Essen mit einer große Familie – Italien eben.

DER LITERARISCHE OSTEN …

»Stell das nicht so dar, als sei Malcésine nur in deutscher Hand«, gibt Monika mit auf den Weg. Auf Goethes Spuren zu wandeln, den Dichtern ihre Reverenz erweisen, das ist Monikas Motiv, sich alljährlich an den Gardasee aufzumachen. Schreiben lernen bei Bodo Kirchhoff ist eine ihrer Freuden. Und, dass man von dort gleich im Hinterland, ins Valpolicella kann. Dort findet man noch ursprüngliche Osterias, erzählt sie mit Schwung und Freude. Dort schmeckt der Wein und keiner spricht mehr Deutsch. Es gibt eben viele Lieblingsplätze. Meiner liegt in Castelletto di Brenzone. Bei einem der vielen Besuche lernte ich Anna Clara kennen. Eine Italienerin mit brasilianischen Wurzeln, die deutsche Tüchtigkeit in ihrem Haus zelebriert. Unsere Freundschaft begann an einem kleinen wackeligen Tischchen bei einem Cappuccino. Ihr lustiger pudeliger Hund bellte mich wach. Nach einer langen Nacht des Schreibens war das Frühstücksbüffet in meinem Hotel schon lange abgeräumt, ich versuchte die Zeit bis zum Abendessen mit Keksen und Kaffee zu überbücken. »Komm zu mir, bei uns gibt es auch noch nachmittags reichlich Frühstück. Der Urlaub ist die wichtigste Zeit«, sagte Anna. »Unsere Gäste sollen sich fühlen wie daheim – nur besser, damit sie wiederkommen wollen.«

Vielleicht ist genau das das Besondere am Gardasee: Er ist vertraut und fremd, er ist nicht Heimat und doch darf man dazugehören. Er wird im Sommer zwar heimgesucht von Scharen von Touristen, aber er behält dennoch seine Attraktivität. Dieser See ist wie ein Meer, ein Ort der Sinnlichkeit und der Sehnsucht, ein Treffpunkt der Gegensätze. Und immer wieder begrüßen einen die Menschen dort mit Herzlichkeit.

DIE AUTORIN

Sonja Still ist Journalistin, Buchautorin und Filmemacherin. Der Gardasee gehört zu ihren Lieblingsseen, kommt gleich nach ihrer Heimat Tegernsee. Tourismus und Reise sind ihre Themenschwerpunkte. An beiden Seen gibt es eine gewachsene touristische Kultur. Welche Attraktivität eine solche Region zu bieten hat, das diskutiert sie mit Freunden immer wieder. Quasi von See zu See.

MERIAN TopTen

Diese Höhepunkte sollten Sie sich bei Ihrem Besuch auf keinen Fall entgehen lassen: Ob die Altstadt von Sirmione, die Burg von Malcésine oder die Fahrt auf den Monte Baldo – MERIAN präsentiert Ihnen hier die wichtigsten Sehenswürdigkeiten am Gardasee.

 Burg von Malcésine

Die imposante Scaligerburg hoch über dem Gardasee beeindruckte schon Goethe. Burg und Museum sind auch heute einen Besuch wert (▶ S. 72).

2 Monte Baldo

Die Fahrt mit der Funivia auf den Berg ist reizvoll, die Gondel dreht sich um 360 Grad. Oben lässt es sich wunderbar wandern (▶ S. 72).

 Bardolino

In den sanften Hügeln um Bardolino reift der Wein Bardolino und die Bars in der quirligen Altstadt laden auf ein Gläschen Bardolino ein (▶ S. 32, 84).

 Valeggio sul Mincio

Die berühmten Tortellini in Valeggio essen und über den Markt schlendern, das ist italienisches Lebensgefühl (▶ S. 91).

 Sirmione

Die Perle des Gardasees muss man unbedingt einmal besucht haben, auch wenn man nicht alleine dort sein wird (▶ S. 99).

 Salò

Elegante Geschäfte, großartige Palazzi, ein beeindruckender Dom und am Lungolago entlangschlendern – einfach schön (▶ S. 109).

⭐7 André Hellers Garten, Gardone Riviera

Wild und würzig wuchert der Botanische Garten, der heute dem Künstler André Heller gehört (▶ S. 118).

⭐8 Vittoriale degli Italiani, Gardone

Als abstruses Sammelsurium zeigen sich Villa und Park des Dichters Gabriele d'Annunzio. Sehenswert, Kopfschütteln garantiert (▶ S. 118).

⭐9 Santuario della Madonna di Monte Castello

Auf einem steil abfallenden Felsvorsprung liegt die Wallfahrtskirche aus dem 17. Jh. Sie gewährt einen fantastischen Blick auf den Gardasee und das Monte-Baldo-Massiv (▶ S. 129).

⭐10 Limonaia del Castel, Limone

Um die gelben Zitrusfrüchte und Zitronengärten geht es in dem malerischen Ort. Die Limonaia, der Zitronengarten unterhalb der Burg, beherbergt ein erfrischendes Museum (▶ S. 130).

MERIAN Momente
Das kleine Glück auf Reisen

Oft sind es die kleinen Momente auf einer Reise, die am stärksten in Erinnerung bleiben – Momente, in denen Sie die leisen, feinen Seiten der Region kennenlernen. Hier geben wir Ihnen Tipps für kleine Auszeiten und neue Einblicke.

❶ Motorboot fahren

Motorboot fahren auf dem Gardasee macht gute Laune. Motorboot fahren beruhigt und beglückt zugleich. Der Norden des Sees ist für Motorboote gesperrt, aber der breite südliche Teil des Gardasees ist nicht nur geöffnet dafür, sondern auch sehr beliebt. Es ist ein Erlebnis, sich vom See aus die alten Grandhotels anzuschauen. Die Häuser zeigen ihre ganze Pracht hauptsächlich zur Seeseite hin. Darum ist es ein bisschen wie eine Zeitreise: Denn früher kam man nur über den See, die Straße war noch nicht gebaut. Mitten auf dem Gardasee mit einem Motorboot dahinzubrausen und in einem der kleinen Städtchen anzulegen ist tatsächlich etwas Unvergessliches.

❷ Blumenwiesen schnuppern
 C2

Am Tremalzo im Ledrotal gibt es noch paradiesisch-schöne Blumenwiesen, mit Schätzen, die anderswo nicht mehr blühen. In dem kleinen Winkel des Trentino existieren gut 17 Arten, die sich während der letzten Eiszeit entwickelt und im Eis überlebt haben und jetzt nur hier in diesem Gebiet und an keinem anderen Ort der Welt vorkommen. Die bekannteste Blume ist die silene elisabethae, auch Großblütiges Leimkraut genannt. Sie blüht im Juli und August. Mit ihren fünf pinkfarbenen, herzförmigen Blütenblättern sieht sie aus, als habe ein italienischer Designer neue Blumen kreiert.

3 Das große Glück ▶ S. 73, a 1

Eigentlich geht es ja um die kleinen Momente am Gardasee, aber aus kleinen können große werden. Jasagen zueinander, das lässt sich hier ganz wunderbar. Ein romantisches Plätzchen, um seiner Lebensliebe zu erklären, was sie einem bedeutet, findet sich auf jeden Fall. Ob in einem Türmchen mit Blick auf den See oder in einem prächtigen Blumengarten. Den offiziellen Schritt gehen kann man gut in Malcésine. Auf der Scaligerburg geben sich bis zu 400 Paare jährlich das Jawort. Wer zufällig bei einer solchen Hochzeit vorbeikommt, sollte einfach dem Paar gratulieren. Die meisten lassen einen mit einem Glas Prosecco mit anstoßen. Und so ist man Teilhaber am großen Glück der anderen und erin-

nert sich gern an diesen kleinen Glücksmoment.

4 Poesie der Verlassenheit: Campo ▶ D 4

Dichter, Maler und Lebenskünstler haben mit eigener Hände Arbeit das kleine Dorf oberhalb von Brenzone wieder aufgebaut. Die Häuser erzählen von einer Zeit, als der Gardasee noch unberührt vom Tourismus war. Über einen alten Mauleselpfad geht es hinauf, der Kopfsteinpflasterweg ist immer gesäumt von Olivenbäumen. Kurz vor der letzten Wegbiegung eröffnet sich ein traumhafter Blick über den See. Im Dorf scheint die Ewigkeit ungestört ihr Heim zu haben.

5 Weihnachtszeit mal anders ▶ E 1

Es ist besonders und anders: Die Adventszeit oder die Zeit zwischen den Jahren am Gardasee zu verbringen schenkt ganz besondere Ruhe. Im Norden des Sees kann man sich mit einem Winterwonderland-Feeling beglücken. Der Schnee liegt am Monte Baldo und in Arco zum Beispiel wartet ein zauberhafter Weihnachtsmarkt auf den Besuch. Der ist noch nicht von

Fressbuden überfüllt wie so mancher deutsche Christkindlmarkt. In den Marktbuden gibt es Biscotti oder Oliven in Hülle und Fülle. Und manchmal auch gemischt: Gebäck mit Olivengeschmack. Wer dann weiter Richtung Süden fährt, kann in Bardolino oder Garda zu dieser Zeit gute Unterkünfte finden. Ein Spaziergang über den Steg und die Strandpromenade zwischen den beiden Städtchen ist nicht anstrengend. Die Sonne schafft angenehme, milde Temperaturen und verliert sich zum Abend hin im Dunst überm See. Das ist ein Moment, der wirklich lange nachleuchtet.

6 Cabrio-Tour  B/C 5

Eine Tour über die Gardesana im Cabrio ist wirklich ein Erlebnis. Gut, man macht sie besser nicht an einem Augustwochenende, an dem der An- und Abreiseverkehr der Feriengäste jeden vernünftigen Autofahrer zum Nervenzusammenbruch führt. Aber wer ein paar Tage am Gardasee bleibt, der kann auch unter der Woche einen Tag aussuchen und die »Nordrunde« fahren. Das sind etwa 75 km, die Strecke führt mal über steile Bergstraßen, mal durch Galerien und Tunnels. Und

in Toscolano-Maderno oder Torri del Benaco nimmt man die Fähre wieder zurück zum Ufer, von dem man gestartet ist. Die Cabrio-Tour vermittelt ein Feeling, als wäre man Sophia Loren oder Grace Kelly, die Filmdiven aus den 1950er-Jahren, und lässt die Liebe zum Lieblingsurlaubsland Italien ganz neu erblühen.

7 Exzellente Nudeln: »node d'amore«

Pasta, Pasta, Pasta – natürlich gibt es die allerschmackhaftesten Nudeln rund um den Gardasee. Tortellini werden im Süden des Sees »node d'amore«, Liebesknoten, genannt. Ihr Teig ist hauchdünn ausgerollt. So dünn, dass man theoretisch eine Zeitung durch den Teig lesen könnte. Gefüllt werden die kleinen Teigringe mit Kürbismousse und Amarettini. Ob man sie »in brodo«, also in Suppe, oder mit Salbeibutter isst, das mag jeder selbst entscheiden. Dazu ein Glas Wein und das Leben ist schön.

8 Strand in Sirmione ▶ S. 101, a 1

Statt Stadttrubel mit Tausenden von Touristen in der Altstadt von Sirmione gibt es eine Alternative: Zunächst kann man sich mit einem Eis auf die Hand aus einer der unzähligen Gelaterie beruhigen. Nicht nur, dass das Eis hier bei allen sehr lecker ist, es wird auch in wirklich hübscher und bunter Form am Stiel angeboten. Oder man nimmt ein Bällchen aus den übervollen Eisbehältern, die köstlich dekoriert sind. Besonders aber wird der Besuch, wenn man zum Sonnenuntergang bis zur Spitze der Halbinsel wandert. Die dampfenden Füße finden Kühlung im

Türkis des Wassers, das die Kalkplatten des Inselgrunds sanft überspült. Da das Eis bis zum Strand bestimmt geschmolzen wäre, kann eine kühle Flasche Wein im Gepäck nicht schaden.

 ## 9 Musik in der Papiermühle

 **B 5**

Im Sommer ist ein Ausflug ins Tal der Papiermühlen von Toscolano-Maderno vielleicht eher ein Akt gegen die Bequemlichkeit, denn der See möchte einen so gar nicht aus seinem Badespaß entlassen. Doch es lohnt sich – ein netter, etwa halbstündiger Spaziergang führt in das Tal. Das Museum dort ist sehenswert und im Juni und Juli gibt es hier öfters tolle Konzerte, die im Eintrittspreis des Museum inbegriffen oder gar kostenfrei sind.

10 Spaziergang durch Kastanienwälder

nördl. E 1

Kastanien sind eine Köstlichkeit aus stacheliger Schale. Am Gardasee gedeiht eine besondere Art, braun und mittelgroß. Sie wird im Herbst, wenn die stacheligen Fruchtbecher herunterfallen, per Hand geerntet. Ein Spaziergang durch den Kastanienwald von Braila, zwischen Drena und Arco, erfüllt mit Kraft und guter Energie. Die mächtigen Kastanienbäume vermitteln eine stille und angenehme Ruhe.

11 Picknick am Ledrosee

D 1

Der Gardasee hat eine genussvolle Konkurrenz: den Lago di Ledro. In dem tiefblauen Bergsee lässt sich an mehreren kleinen Badeständen wunderbar picknicken. Die Zutaten für den Gaumenschmaus braucht man nicht aus dem Supermarkt mitzubringen, sondern kann sie in den umliegenden Geschäften und Hofstellen kaufen. Hirschsalami, Mortadella und »carne salada«, Kuh- und Ziegenkäse – nur ein paar Köstlichkeiten, die rund um den See hergestellt werden. Vor allem schmeckt hier oben der »Picco rosso«. Das ist ein Likör aus Erdbeere und Himbeere. Man kann ihn auch gut mit Prosecco aufgießen und so seinen eigenen Picknick-Sprizz erfinden.

NEU ENTDECKT
Worüber man spricht

Der Gardasee befindet sich stetig im Wandel, Sehenswürdig-keiten werden eingeweiht, Attraktionen eröffnen, die Region verändert ihr Gesicht, durch neue Museen, Restaurants und Geschäfte erlangen ganze Landstriche neue Attraktivität. Hier erfahren Sie alles über die jüngsten Entwicklungen – damit Sie keinen dieser aktuell angesagten Orte verpassen.

◄ Die Palmen vermitteln das südliche Lebensgefühl im Lefay Resort & Spa (► S. 17).

ÜBERNACHTEN

Lefay Resort & Spa, das Meer
kommt zum See   🏊 C 4

Meerfeeling am See – Einfach nur übernachten, das geht nicht im jungen Lefay Resort & SPA Lago di Garda. Es ist ein Ort, von dem man noch lange träumt. Eine kurvige Straße führt hoch hinauf über Gargnano. Ein 11 ha großer Park umgibt das mondäne Haus. Die Terrassen sind natürlich zwischen sanften Hügeln und Olivenhainen eingebettet. Der Panoramablick über den See ist gigantisch. Wunschlos macht der Spa-Bereich: Es gibt eine Wellnessarea und mehrere Pools – drei davon mit Salzwasser gefüllt. Mehr wie Meer!
Gargnano | Via Angelo Feltrinelli 118 | Tel. 03 65 24 18 00 | www.lefayresorts. com | 90 Zimmer | €€€€

Lido Palace   ► S. 139, c 1

Moderner Lifestyle – Das »Lido« war 1899 bei seiner Eröffnung ein großer Erfolg. Nun wurde das Haus renoviert und mit einer genialen neuen Architektur ergänzt. 115 Jahre danach ist das Lido Palace eines der besten – wenn nicht das beste! – Hotel am Gardasee. Der renommierte italienische Architekt Alberto Cecchetto hat Altes mit Neuem so verbunden, dass ganz neue Raumerlebnisse entstehen. Allein die Lobby ist wie ein Gartenhaus in den alten Park integriert. Glas, Metall und Marmor schaffen mit dem alten Entree des Belle-Époque-Hotels eine gelungene Verbindung. Und die modernen, türkisfarbenen Designer-Couchen geben das richtige Feeling. Cecchetto hat

dem historischen Bau eine gläserne Top-Etage aufgesetzt, die den acht Suiten einen grandiosen Rundum-Blick garantiert. Zugleich wurden die Stuckdecken des historischen Gebäudes liebevoll restauriert. Und wer sich die Übernachtung nicht gönnen mag, kann zumindest einen Tee im Park nehmen – das läuft dann unter »Restaurierung für die Seele«.
Riva del Garda | Viale Carducci 10 | Tel. 04 64 02 18 99 | www.lido-palace.it | 42 Zimmer | €€€€

»Outdoor friendly«-Unterkünfte

Alles für den Sportler – Diese Häuser bieten Sportlern eine Reihe von extra Annehmlichkeiten: Info-Point und mehrsprachiges und vor allem sportinteressiertes Personal. Internet und WiFi ermöglichen einen »always connected«-Status zur jeweiligen Sport-Community (z. B. Hike-Society) oder den Download von GPS-Daten. Im Angebot sind auch Wasch- und Trockengelegenheiten für die Sportkleidung und ein Depot mit kleiner Werkstatt für Sportgeräte.
www.gardatrentino.it/de/outdoorfriendly | €–€€€€

ESSEN UND TRINKEN

Art Sugo – die Kunst der
kreativen Küche   🏊 B 8

Ausgefallen anders – Albert und Mauro, zwei junge Typen, haben dieses stylishe Restaurant aus Liebe zur Kunst und zur Küchenkunst gerade erst eröffnet. Alberto kümmert sich um die Gäste im Restaurant, Mauro um die Küche, wo er auf beste Zutaten großen Wert legt. Im Gegensatz zu vielen anderen Restaurants gibt es hier auch Pizza. Noch ein Geheimtipp für Leute, die gut essen und schönes, junges Ambiente und freundlichen Service zu schätzen wissen – allein schon die Menüs klingen anders, z. B. »Pop-Art di tonno scottato«!

Colombare di Sirmione | Via Solitro 1 (an der Kreuzung zur Via Verona 3) | Tel. 03 09 90 52 59 | www.artsugo.com | 12–14.30 und 19–23 Uhr | €€

EINKAUFEN

Moccaria – ein Waffelparadies

Die Moccaria macht Schokofreaks und Kaffeetanten glücklich. Tortina, Quadratini, Gardena … Waffeln gefüllt mit Schokolade oder Zitronencreme,

mit Kokos oder Nüssen – was früher gerade mal auf Eisbechern ein unbeachtetes Waffelleben fristete, ist heute bestes Genuss-Gebäck. Die Produkte von Loacker, einem alteingesessenen Familienunternehmen in Bozen, sind mit dem Süßwaren-Oscar, dem »Candy Kettle Award« ausgezeichnet. In der Moccaria gibt es neben Kaffee, Cappuccino und Espresso Schoko-Kreationen in Hülle und Fülle. Viele der Produkte sind nur hier und nicht im normalen Supermarkt erhältlich. Die

Moccaria im Outletcenter am Brenner war die erste ihrer Art. Weil sich hier Genuss und Lifestyle perfekt verbinden, gibt es inzwischen auch in Verona noch eine Moccaria.

– Brenner | St.-Valentin-Straße 9/A | www.loacker.com oder dob-brennero. com | tgl. 8.30–19 Uhr   🔖 nördl. F1

– Verona | Cso. S. Anastasia 13 | Tel. 04 58 03 33 24 | Mo–Fr 8.30–19.30, Sa, So 9–19.30 Uhr   🔖 F8

AKTIVITÄTEN

Sentiero della Pace – Nie wieder Krieg

Der Weg auf den Monte Baldo ist Teil des »Friedensweges«, der insgesamt ca. 450 km lang ist. Der Friedenspfad ist ein relativ einfacher, wenn auch anstrengender Fernwanderweg. Der Weg führt über den Frontverlauf des Ersten Weltkriegs, der vor hundert Jahren begann; er dauerte von 1914–1918 und verlangte in Norditalien unglaublich viele Opfer. Auf weiten Strecken führt der Weg durch hochalpines Gelände. Entlang des alten Frontverlaufs entstanden an 19 verschiedenen Orten Museen, die Erinnerungs- und Aufklärungsarbeit über diese vier Schreckensjahre zu Beginn des letzten Jahrhunderts leisten und im 100. Jahr danach nun zu Gedenkveranstaltungen laden. Die genauen Standorte kann man bei der Touristinfo erfragen oder im Internet nachlesen.

www.trentinograndeguerra.it

Slow-drive – die Wiederentdeckung der Langsamkeit   🔖 A7

Im Oldtimer um den See chauffieren, sich nicht von moderner Mechatronik die Geschwindigkeit und den Fahrstil diktieren lassen, sondern sich auf die Wurzeln des Autowanderns besinnen. Autowanderfahrten – so nannte man zur vergangenen Jahrhundertwende das Umhercruisen mit dem Wagen. Es geht um die Wiederentdeckung des ruhigen Fahrens: der Sound der Maschine, die Vibrationen im Lenkrad. Keine Kurve ist wie die andere zu durchlenken, es ist noch Körperkraft gefordert, sowohl am Steuer als auch beim Treten der Pedale.

Zur Auswahl stehen Modelle der Fabrikate Alfa Romeo, Triumph, Fiat, MG, Käfer Cabrio, Fiat 500 und Porsche für Events wie Hochzeiten, Incentives oder einfach so. Touren ab Hotel, Bahnhof oder Flughafen möglich.

»Vintage Car Driving« nennt sich das heute. Unterwegs ohne Navi und GPS – und wer mal die falsche Abzweigung fährt, muss nicht gleich hysterisch wenden: Manchmal findet man gerade abseits der Route sein unerwartetes Glück.

Padenghe sul Garda | Via Marconi 108 | Tel. 03 09 90 77 12 | www.slowdrive.it

SERVICE
Koffertransport für einen entspannten Start

Ab in den Urlaub – mit Familie, Hund, Kind und Kegel und am besten auch noch dem Mountainbike und dem Surfbrett im Gepäck. Keine Frage: Entweder quetschen sich alle in ein überladenes Auto oder man findet eine andere Lösung. Die bietet die Firma Insam an. Sie ist schon seit 90 Jahren als Transportunternehmen weltweit tätig, auf diesen Sonderservice hat man sich nun spezialisiert. Zuverlässig erledigt man den Koffertransport vom Wohnort zum Urlaubsort bzw. zurück.

St. Ulrich (BZ) | Trebingerstr. 18 | Tel. 04 71 79 61 10 | www.insamexpress.it

⚑ Weitere Neuentdeckungen sind durch dieses Symbol gekennzeichnet.

Mit Vintage Car Driving machen Kurvenfahrten besonders viel Spaß: Oldtimer auf einer Straße über Salò am südwestlichen Ufer des Gardasees (▶ S. 18).

DEN GARDASEE ERLEBEN

Halse bei zuverlässigem Wind und Wellen vor traumhafter Kulisse.

ÜBERNACHTEN

*Es gibt rund um den Gardasee Herbergen jeglicher Art.
Klangvolle Namen wie »Villa Feltrinelli« oder »Lido Palace« locken.
Man findet aber auch gute, bezahlbare Häuser und einfache
Unterkünfte, Pensionen, Campingplätze oder Appartements.*

Der Gardasee ist eine gewachsene Tourismusregion, seit Ende des 19. Jh.
hat sich der See zu einem begehrten Reiseziel entwickelt. Heute besuchen
in jeder Saison etwa zehn Millionen Urlauber den größten Binnensee Italiens. Einen großen Teil davon machen »die Bayern« aus. Da der Gardasee von der bayerischen Landeshauptstadt in wenigen Stunden erreichbar
ist, nutzen die Bayern ihn gerne für einen Kurztrip. Während nördlich
der Alpen das Klima im Herbst und späten Winter oft grau und kalt ist,
ist es südlich der Alpen mild und hell. In der Nebensaison gibt es normalerweise keine Probleme, eine Unterkunft zu finden, obwohl viele
Häuser von November bis März geschlossen sind. In der Hauptsaison ist
es dringend angeraten, vorab eine Unterkunft zu reservieren.
Die italienische Hotelbewertung folgt keinen Gesamtklassifizierungs-
kriterien nach einem Standardverfahren. Ob ein **Hotel** drei oder vier

◀ Gepflegtes Ambiente mit schönem Blick:
B & B Dimora Bolsone (▶ S. 120).

Sterne hat, ist manchmal nur davon abhängig, ob es einen Pool gibt oder nicht. Bei Hotels, die damit werben, dass sie direkt am Seeufer liegen, muss man damit rechnen, dass ihre Zimmer mit »Bergblick« zur Bundesstraße hin liegen. Der Blick an sich ist durchaus in Ordnung, die Lärmkulisse darf man aber nicht unterschätzen.

Die Preise werden in der Regel pro Zimmer und nicht pro Person angegeben. Sie variieren je nach Saison. Manche Hotels haben sehr unterschiedliche Zimmerkategorien, sodass es zu großen Preisunterschieden innerhalb eines Hauses kommt. Gerade bei seenahen Häusern sind die Zimmer zum See hinaus großzügig, aber dafür nicht billig. Dafür sind die Zimmer zur Bergseite hin oft recht günstig, weil sie an der Straße liegen.

VARIABLE PREISGESTALTUNG

Da am Gardasee die Tourismusbranche zwar blüht, aber die Hotels in einem großen Konkurrenzkampf untereinander stehen, kann man durchaus Glück haben, auch in der Hochsaison einen guten Preis zu erhalten. Auf den Webseiten einiger Hotels gibt es inzwischen das Symbol für »Handschlag«. Dies bedeutet: Man kann einen Preis vorschlagen. Hat das Hotel kurzfristig Restkontingente frei, akzeptieren die Hoteliers den Vorschlag des Gastes. Man muss sich allerdings fast bis zur Buchung durchklicken! Das funktioniert so: z. B. www.hotellacalettabolognese.it/de/info-prenota.php (Datum eingeben, Verfügbarkeit überprüfen, dann kommt die Seite mit dem »Handschlag«).

Frühstück ist nicht immer im Preis enthalten und manchmal auch den Preis nicht wert. Es lohnt sich, das Frühstück erst einmal anzuschauen, bevor man den ganzen Urlaub Pappbrötchen und Plastikwurst essen muss! Solch ein Frühstück ist in jeder Bar billiger zu bekommen.

AGRITURISMO UND FERIENWOHNUNGEN

Die deutsche Übersetzung von »**Agriturismo**« als »Urlaub auf dem Bauernhof« klingt etwas einfach und rückständig. Am Gardasee finden sich viele Landgüter, die im Weinberg oder Olivenhain liegen, höchsten Ansprüchen genügen und mit luxuriösem Ambiente verwöhnen. Es gibt aber durchaus auch einfache Zimmer auf dem Land. Häufig sind die Höfe zwar abseits gelegen, aber durch ihre schöne Aussicht und Lage einfach bezaubernd (www.agriturismo-online.com, www.agriturismo.it).

Ob eine kleine Wohnung im Stadtgebiet von Bardolino oder Torri del Benaco oder eine Wohnung in einer großen Ferienwohnanlage mit Pool im Garten, Tennis und allem Service, den sich der Mensch wünscht: Es gibt jede Möglichkeit, sich einzuquartieren. In der Regel werden die Wohnungen immer nur eine ganze Woche vermietet. Die Preise gestalten sich über alle Stufen (www.ferienwohnung-gardasee.it, www.casamundo. de, www.fewo-direkt.de).

BED & BREAKFAST, CAMPING UND WOHNMOBILE

Es gibt die unterschiedlichsten Kategorien von **Frühstückspensionen.** Man kann sehr luxuriös übernachten (www.dimorabolsone.it) oder im Shabby-Schick mit alternativer Lebenslust (www.villapioppihotel.com). Wer nur eben ein Dach überm Kopf mit Kaffee am Morgen möchte, der kann einfach den Schildern folgen, die die Vermieter dieser Zimmer am Straßenrand oder am Haus aufgestellt haben.

Der Gardasee ist eines der größten Campinggebiete Italiens. Am Ostufer reihen sich zwischen Garda und Peschiera große Anlagen in allen Kategorien, vom einfachen Zeltplatz bis zur Luxuskategorie mit 4 Sternen und Pool. Auch für Familien mit Kindern wird eine Menge geboten. Auf manchen Plätzen lassen sich auch Bungalows buchen. Die Preise sind durchaus gehoben. Motorradfahrer werden manchmal abgewiesen. Wohnmobile sind auf den großen Camping-Anlagen nicht immer gern gesehen. Es gibt private Anbieter, die für Wohnmobile Standplätze und Service bieten (www.camping-am-gardasee.de).

BESONDERE EMPFEHLUNGEN

Agritur Calvola   ⚓ nordwestl. E 1
Schlicht und gut − Canale di Tenno ist eines der schönsten Dörfer hoch über dem Gardasee; mittelalterliches Burgambiente, mehrfach ausgezeichnet als schönstes Bergdorf. Das Flair aus vergangenen Zeiten kann man auf dem Anwesen von Familie Bruno Santoni perfekt mit dem Komfort von heute genießen. Man bietet sechs Zimmer − alle liebevoll eingerichtet. Außerdem gibt es hier Wein und Brot und selbst gemachte Salami und Marmelade und eine himmlische Küche mit »canederli«, »carne salada«, »strangolapreti« oder »coniglio«. Und die Zimmer sind dabei wirklich bezahlbar. Auch Halbpension möglich (60 € p. P.).
Canale di Tenno/Calvola | Via Villa Calvola 62 | Tel. 04 64 50 08 20 | www. agriturcalvola.it | 6 Zimmer | €

La Caletta Hotel Bolognese   ⚓ D 4
Ausschlafen und genießen − Das Strandhotel liegt direkt am See, in Brenzone. Dort darf man schlafen, bis man von alleine aufwacht und kann in

Ruhe das Frühstück nach dem persönlichen Rhythmus genießen, denn das Buffet wird nicht vor 11.30 Uhr abgeräumt. Und wer noch länger schlafen will, dem wird das Frühstück zu jeder Tageszeit auf der Terrasse oder im Restaurant serviert. Es gibt viel Gesundes: frisch gepressten Orangensaft, frisches Obst und Trockenobst, Eier, Milch, Joghurt, Salat oder Gemüse. Wurst und Käse gibt es nur von regionalen Erzeugern. Frisches Brot, Schwarzbrot oder hausgemachte Kuchen werden aus Dinkelmehl und mit natürlicher Hefe gebacken. Wer an Allergien oder Unverträglichkeiten leidet, findet hier verständnisvolle Köche.

Castelletto di Brenzone | Via Amerigo Vespucci 44 | Tel. 04 57 43 01 59 | www.hotellacalettabolognese.it | 25 Zimmer und Suiten | €€€

Le Tre Gatte ⚑ B 5

Zauberhaft Pension – In Gardone Riviera gibt es eigentlich nur Grand Hotels – meint man. Aber es gibt eine großartige kleine Pension mit ganz eigenem Charme. Signora Alida verwöhnt die Gäste und liebt ihr Haus. Ein Zimmer hat einen kleinen Garten und das andere einen Balkon. Es ist ein romantisches B & B, nur wenige Schritte vom See entfernt und ganz in der Nähe zu André Hellers Garten.

Gardone Riviera | Vicolo Ars 10 | Tel. 03 65 29 04 40, mobil 39 20 85 10 00 | 2 Zimmer | www.letregatte.com | €

Weitere empfehlenswerte Adressen finden Sie im Kapitel **DEN GARDASEE ERKUNDEN**.

Preise für ein Doppelzimmer mit Frühstück:

€€€€ ab 200 €	€€€ ab 150 €
€€ ab 80 €	€ bis 80 €

Hier möchte man gerne für immer einziehen. Die Jugendstilvilla Pioppi (▶ S. 100) am Ufer des Sees in Sirmione verströmt den etwas maroden Charme vergangener Tage.

ESSEN UND TRINKEN

Taverna, Locanda, Osteria, Trattoria sind nur unter-
schiedliche Worte für das deutsche Wort Gasthaus.
Doch ob eine einfache Wirtschaft oder ein feines Restaurant,
ein Ristorante, gemeint ist: Essen wird in Italien zelebriert.

Angeblich isst man in Italien erst abends und vor allem in mehreren Gän-
gen. Dem war so, dem ist auch noch so, aber nicht mehr nur so. In touristischen Regionen wie dem Gardasee passen sich die Wirte durchaus der
Nachfrage an. Eigentlich gibt es mittags von 12–14 Uhr warme Küche,
dann erst wieder abends ab 19.30–22 Uhr. Dazwischen sind die Restaurants geschlossen. Während der Hochsaison werden die Öffnungszeiten
der Lokale recht flexibel gehandhabt. Oftmals ist sogar durchgängig geöffnet. Die wenigsten Lokale haben während der Saison einen Ruhetag.
Viele verdienen ihr Geld fürs ganze Jahr in den wenigen Monaten der
Hochsaison. Es empfiehlt sich immer, vorab einen Platz zu reservieren.
Im Sommer, weil es wirklich voll werden kann. In der Nebensaison, weil
manche Restaurants schließen, wenn nichts los ist. »Servizio e coperto«,
also Service und Gedeck, wird in Restaurants meist extra berechnet.

◀ Strangolapreti schmecken trotz ihres
Namens nicht nur Priestern (▶ S. 27).

Die Küche rund um den Gardasee bietet alles. Sie ist so abwechslungsreich wie die Landschaft und so vielfältig wie die vielen Gäste, die von
überall her anreisen. Es gibt natürlich überall Pizza und Spaghetti, oder,
manchmal etwas belächelt, auch »würstel con krauti«. Sonst lässt sich die
tradierte Küche nach den Anrainerregionen des Sees unterscheiden.

GARDA TRENTINO

Die Trentiner Küche ist herzhaft, bäuerlich und deftig ausgerichtet. Die
Küche der Berge bietet viele Wildgerichte, Schweinebraten oder **Speck**.
»Canederli« sollte man unbedingt gegessen haben. Es sind eine Art kleine
Semmelknödel, die es in unzähligen Varianten gibt. Mit Speck, mit Kräu-
tern, mit Käse, mit getrockneten Tomaten und Oliven. »Strangolapreti« –
wörtlich übersetzt heißt dies Priesterwürger – sind Nockerl aus Brot und
Spinat, sie werden gerne mit zerlassener Butter und Parmesan gegessen.
»Carne salada« ist gepökeltes Rindfleisch, das wie Rinder-Carpaccio mit
Olivenöl und Salz und Pfeffer serviert wird. Oder, etwas deftiger, mit
Bohnen. Als Nachspeise reicht man in der Trentiner Küche gerne Apfel
in allen Varianten und trockenen Kuchen. Die »torta de frigoloti« ist
ein **Mandelkuchen** aus Butter, Zucker, Mandeln und Mehl. Er wird gerne
mit einem Gläschen Vino Santo serviert. Kastanien gibt es als Füllung
von Fleischgerichten, in Soßen oder eingelegt in Honig. Kastanienmehl
ist oft Grundlage für herzhafte Kuchen.
Ein tolles Souvenir ist die »torta trentina«. Entweder kauft man sie fer-
tig in einer Pasticceria oder nimmt folgendes Rezept für zu Hause mit:
250 g Butter mit 200 g Zucker schaumig rühren. 300 g Kastanien-Püree
und Eigelb von 10 Eiern unterrühren, das Eiweiß zu Schnee schlagen
und unterziehen. Zum Schluss 180 g Mehl einrühren. In einer gefetteten
Springform bei 180 Grad etwa eine Stunde backen. Wenn der Kuchen
erkaltet ist, den Boden quer in zwei Platten schneiden, einen Viertel Liter
Sahne schlagen und die Böden damit befüllen und außen bestreichen,
oder einfach nur etwas Puderzucker drüberstreuen.

GARDA VENETO

Das Ostufer des Gardasees, die Region, durch die sich die Gardesana
Orientale zieht, gehört zum Kulturbereich Venedigs. Die Küche ist leichter als die des Trentins, wenngleich nicht unbedingt kalorienärmer. Hier

gibt es **Risotto** und **Pasta** und traditionell liegt das Augenmerk auf dem, was der See als Nahrung hergibt: Fisch.

Die Gewässer von Garda- und Ledrosee sind außerordentlich fischreich. Nur »trota«, also Forelle, stammt meist nicht aus dem See, sondern aus den Flüssen und Bächen der Region. Felchen, Ukelei, Sardine, Hecht, Schlei, Barsch und Aal – Letzterer wird gerne auf dem Rost zubereitet. »Lavarello«, die Renke, ist ein Fisch aus dem See, ebenso der »carpione«, die Gardaseeforelle. Sie ist eine edle Rarität und nur in Spitzenrestaurants rund um den Gardasee erhältlich. Die Sarca ist im unteren Flusslauf reich an Plötzen und Barben.

Auf der Speisekarte stehen auch oft »alborelle«, frittierte Fischchen. Wer »fritto misto« bestellt, sollte sicher gehen, dass er sich in einem guten Restaurant befindet. Denn die mit Teig frittierten Fischchen können ganz schön im Magen liegen, wenn ein zu schwer geölter Teig sie umgibt.

»Sarde in saor« sind Sardinen, sauer eingelegt. Die Säure wird gemildert von Rosinen und Zwiebeln, verfeinert wird das Gericht mit gerösteten Pinienkernen.

Die »bigoli« sind quasi dicke Spaghetti. Bigoli con salsa sind also dicke Nudeln mit unterschiedlicher Soße. Im Sommer wird dafür gerne Fischragout als Soße geboten, im Winter ist es oftmals Entenragout. Bigoli sind nicht unbedingt jedermanns Sache, auch wenn dieses Gericht in der Küche des Veneto oft vertreten ist. Die Nudeln sind dicker und weicher, während Spaghetti al dente manchem lieber sind. Risotto gibt es in unzähligen Varianten, denn das Veneto hat eine lange Geschichte mit dem Reis: Südlich von Verona erstreckt sich seit Jahrhunderten ein großes Reisanbaugebiet.

GARDA LOMBARDIA

Der Süden und Westen des Gardasees gehört zur Lombardei. Diese Region war von jeher ein Durchgangsland für Reisende, die die Alpen überquerten. Entsprechend vielen kulturellen und kulinarischen Einflüssen war die Lombardei ausgesetzt. Auch die Küche von Mantua muss hier genannt werden, obwohl Mantua offiziell nicht an den Gardasee angrenzt. Doch die Strahlkraft der alten Stadt ist überall zu spüren. Zum Beispiel sollte man sich in Valeggio sul Mincio (▶ S. 91) auf jeden Fall einmal **Tortellini** di Valeggio gönnen. Diese werden zumeist noch handgeformt und mit Kürbis-Amarettini-Mousse gefüllt.

Grundsätzlich lässt sich behaupten, dass in der Lombardei eher Butter gegen das sonst übliche Olivenöl im kulinarischen Rennen gewinnt. Reis wird gegenüber Pasta bevorzugt. Der Risotto milanese, also Risotto mit Safran, ist wohl das berühmteste Reisgericht. Es soll nach der Legende im 16. Jh. von einem Glaserlehrling erfunden worden sein. Dieser half, die Domfenster zu bearbeiten. Um seinen Farben einen besonderen Charakter zu geben, mischte er in alle Farben für die Fenster eine Handvoll Safran. Darum zogen ihn seine Freunde auf, er werde Safran noch in sein Essen mischen. Bei seiner Hochzeit soll er Safran über den Reis gestreut haben. Sehr zum Gefallen der Gäste, die den Risotto alla milanese eifrig nachkochten.

Es gibt in der Lombardei neben Risotto noch eine andere Vorliebe: für herzhafte Schmorgerichte mit langer Garzeit. Zum Beispiel **Ossobuco**, geschmorte Kalbshaxenscheiben, oder Vitello tonnato, gekochtes Kalbfleisch, kalt mit Thunfischsoße serviert. Auch »nervetti«, geschmorte Schweinepfoten gibt es. Sie werden vorwiegend als Antipasti gereicht.

OLIVENÖL – OLIO DI GARDA

Das milde Klima macht's! **Olivenöl** vom Gardasee stammt aus der nördlichsten Anbauregion Europas. Nur am Comer See gibt es noch ähnlich nördlich gelegene Anbaugebiete. Das Aroma des »Olio di Garda« gilt als

Die Olivenernte – hier in Arco – ist harte Arbeit. Bis das köstliche Olivenöl oder gar die schmackhaften Pasten auf den Tisch kommen, ist noch viel zu tun.

besonders frisch. Wer die Möglichkeit hat, sollte tatsächlich »grünes Olivenöl« probieren. Damit ist das gemeint, das unfiltriert und frisch aus der Presse kommt. Es schmeckt geradezu scharf. Man sollte es nur vorsichtig verwenden. Extra vergine bezeichnet die höchste Güteklasse des Öls. Reife Oliven von bester Qualität werden unmittelbar verarbeitet und bei maximal 30 Grad kalt gepresst. Der Säuregehalt darf 0,8 % nicht überschreiten. Olio vergine ist ein Öl, bei dem Oliven normaler Qualität verarbeitet werden. Die können schon mal ein paar Tage gepflückt sein, bevor sie gepresst werden. Auch sie werden kalt gepresst. Der Säuregehalt liegt bei 2 %.

Der Anbau von **Oliven** hat eine lange Geschichte. Schon die Römer brachten vor 2000 Jahren Olivenbäume an den Gardasee. Niedriger Säuregrad und milder Geschmack sind Charakteristika, die das gute Öl auszeichnen. Je niedriger der Säuregrad, desto positiver wirkt sich der Genuss von Olivenöl auf die Gesundheit des Menschen aus. Garda D. O. P. bezeichnet Olivenöl, das ausschließlich aus Oliven der Gardasee-Region stammt und in dieser Region auch gepresst wurde. Erntezeit ist im November. In Brenzone, am Ostufer des Sees, findet dann die »Rassegna dell'Olio Novello« (▶ S. 63) statt, eine Art Bauernmesse, bei der das frische Öl präsentiert wird. Olivenöl kann man rund um den Gardasee direkt vom Erzeuger kaufen.

Schon Goethe beschrieb die Region am Gardasee als Schlaraffenland. Dem ist auch heute nichts hinzuzufügen!

BESONDERE EMPFEHLUNGEN

Antica Locanda del Contrabbandiere 🔖 südl. B 8

Malerisch – Altes Gemäuer, nett restauriert. Ein hübscher Garten verzaubert auch noch. Aus der Küche kommt nur Gutes. Am liebsten Fisch: Zander mit frischen Kräutern, Barsch mit Polenta oder Hecht im Gemüsebett. Oder Risotto mit Renke und Melone. Fein auch die hausgemachten Tagliatelle mit Flusskrebssoße. Mit Übernachtungsmöglichkeit.

Pozzolengo | Loc. Martelosio di Sopra 1 | Tel. 0 30 91 81 51 | www. locandadelcontrabbandiere.com | €€€

Locanda Tre Oche 🔖 D 1

Rustikal – »Canederli« oder »tonco pontesel«, Kartoffel-Polenta, stehen auf der Speisekarte dieses Gasthauses in Molina am Ledrosee. Auch das Gulasch ist hier zu empfehlen. Ein gutes Glas Wein dazu macht den Abend perfekt. Dann bleibt man am besten in den 18 Zimmern des Hauses.

Molina | Via Maffei 37 | Tel. 04 64 50 90 62 | www.treoche.it | €€€

Ristorante Alla Lega 🔖 E 1

Das Erbe bewahren – Dieses Lokal im »Palazzo dei Conti D'Arco« hält die gastronomische Tradition des Trentino

Hochgradig appetitanregend ist die frische Pasta, die hauchdünn ausgewellt wird, bevor sie unter anderem zu leckeren Tortellini weiterverarbeitet wird (▶ S. 92).

wach. Das Haus stammt vom Beginn des 16. Jh. Der Speisesaal ist reich mit Fresken versehen. Hier gibt es »carne salada cruda e cotta«, also roh und gekocht. Oder Kutteln in Brühe, »orzet« nach Trentiner Art und »strangolapreti« in geschmolzener Butter und Salbei. Aber auch viele Wildgerichte wie Tagliatelle mit Hasenragout, Hase und Reh mit Polenta und Pilzen. Der Weinkeller bietet einen reichen Vorrat an Trentiner Weinen, die wunderbar zu den traditionellen Gerichten passen.
Arco | Via Vergolano 8 | Tel. 04 64 51 62 05 | www.ristorantallalega.com | €€€

Trattoria dal Pansa ⚑ D 8
Urtümlich – Colà ist ein recht kleines Dörfchen im Hinterland von Lazise. Die Trattoria dal Pansa ist der Bauch (Pancia = Bauch) von Colà, hier treffen sich die Einheimischen. Fremde sind zwar willkommen, aber die finden nicht unbedingt hierher. Dabei entgeht ihnen etwas. Nicht nur, weil die Portionen richtig üppig sind, sondern auch weil es einfach gut schmeckt. Penne mit Sahne, Speck und Nüssen zum Beispiel oder »risotto al radicchio e vino rosso« oder »carpaccio di carne salada« und als Nachspeise Panna Cotta mit Waldbeeren … Und preiswert ist das Ganze bislang auch noch.
Colà di Lazise | Piazza di Sopra 12 | Tel. 04 57 59 02 96 | €

Weitere empfehlenswerte Adressen finden Sie im Kapitel DEN GARDASEE ERKUNDEN.

Preise für ein dreigängiges Menü:

€€€€	ab 50 €	€€€	ab 40 €
€€	ab 20 €	€	bis 20 €

Im Fokus
Vielfältige Weine: drei Klassiker

Rund um den Gardasee liegen einige der bekanntesten Weinanbau-gebiete Italiens. Bardolino, Valpolicella oder Lugana sind einerseits berühmte Namen, andererseits gilt es, sie neu zu entdecken. Die Win-zer arbeiten hart daran, diesen Weinen eine neue Qualität zu geben.

Die hübsche Stadt Bardolino **3**, die am Ostufer des Gardasees liegt, hat dem bekanntesten Weinanbaugebiet des Gardasees ihren Namen gege-ben. Auf rund 2500 ha wird der DOC-Rotwein Bardolino erzeugt. Da-neben gehören auch die Ortschaften Affi, Costermano, Garda, Lazise, Peschiera del Garda und Torri del Benaco zu dem Gebiet, wo man seine Weine »Bardolino« nennen darf. Stammt der Wein aus dem Kernbereich des Gebiets, darf der Zusatz »Classico« auf dem Etikett stehen.

Matilde Poggi ist eine der wenigen Winzerinnen, eine Frau, die ihr Wein-gut »Le Fraghe« selbst führt. Schon ihr Vater war Winzer, und sie ist in seine Fußstapfen getreten. Hat man früher die Trauben an andere Kelle-reien verkauft, baut Matilde Poggi nun selbst Weine an und aus. Sehr exzellente, sie hat bereits vielfach Auszeichnungen dafür bekommen. Ihre Weine stehen in der Weinbibel Italiens, im »Gambero rosso«. Seit 2013 ist sie die Präsidentin der unabhängigen Weinbauern-Vereinigung. »Die

◀ Die Weinberg-Ernte im Valpolicella verspricht hohen Weingenuss (▶ S. 33).

hiesige Gegend war schon immer für hervorragenden Weinbau bekannt. Belege dafür reichen bis ins 8. Jh. vor Christus zurück«, erläutert sie. Es liegt ihr viel daran, das Wissen und ihr Erbe einmal an ihre Töchter weiterzugeben. Die Weinberge am östlichen Ufer des Gardasees liegen im Schatten der Alpen. Das macht das Klima recht frisch, es gibt häufig Wind, der entweder vom See oder von den Bergen kommt. Obwohl oft die Sonne scheint, wird es den Trauben also selten zu heiß. Diese besonderen Bedingungen machen den Bardolino zu einem leichten, süffigen Rotwein, der jung getrunken werden soll.

BARDOLINO, AUCH SPRUDELND

Gekeltert wird der Bardolino aus den beiden Hauptrebsorten Corvina Veronese und Rondinella. Seit 2001 haben der Bardolino Superiore und der Bardolino Classico Superiore DOCG-Status. Poggis Bardolino 2009 wurde ausgezeichnet, aber ihr Rosé, der Rodon Bardolino Chiaretto DOC, ist durchaus auch eine Offenbarung.

Die Winzer im Bardolino mussten Anfang des Millenniums eine Krise überwinden. Der leichte Rotwein hatte ein schlechtes Image. Er sei ein Billigwein, wäre nur die schlechtere Variante des Valpolicella. Man arbeitete hart – der Bardolino ist heute anerkannter denn je. Und ganz nebenbei wurde der Chiaretto Spumante, ein roséfarbener Schaumwein, geboren. Er schmeckt leicht und fruchtig und kommt immer mehr in Mode. Man könnte auch scherzen und ihn als »sexy Mädchenbrause« betiteln. Bestens geeignet für gute Urlaubslaune!

VALPOLICELLA, RUBIN- BIS GRANATROT

Zwischen Bardolino am Gardasee und Soave in den Hügeln nördlich von Verona liegt die Weinregion des Valpolicella. Klimatisch begünstigt durch den nahen Gardasee wächst er auf ca. 100–400 m Seehöhe an den Hängen der Lessini-Berge. Etwa 5800 ha groß ist das Anbaugebiet.

Es gibt im Valpolicella mehrere exzellente Weingüter. Für Literaturliebhaber – aber nicht nur für die! – wird der Besuch auf dem Weingut der Familie Dante Alighieris (1265–1321) ein attraktives Erlebnis sein. Dante Alighieri sicherte sich mit seiner »Göttlichen Komödie« einen Platz in der Weltliteratur. Sein Sohn Pietro Alighieri erwarb 1353 das Landgut. Es ist bis heute im Besitz der Familie. In 20. Generation wird es nun von

Serego Alighieri geleitet. Es ist ein Weingut wie aus dem Film, eine imposante Mischung aus prächtigem Gut, verwunschenem Schloss und Kloster. Hier bei einer Degustation dabei zu sein ist ein Erlebnis. Der Chef des Hauses lässt nicht nur Alighieri-, sondern auch Masi-Weine verkosten, die auch einem historischen, wenn auch jüngeren Weingut entstammen. Seine Geschichte beginnt erst Ende des 18. Jh. Übrigens: Bei den Amarone-Weinen sind einige dabei, die es nur hier zu kosten gibt. Wer wirklich begeisterter Weinliebhaber ist, der sollte in der Foresteria ein Zimmer nehmen, um sich dem Genuss ganz hingeben zu können.

Der junge Valpolicella leuchtet erst rubinrot, der ältere granatrot. Die Trauben, die dafür verwendet werden, sind die Rebsorten Corvina und Corvinone. Der Valpolicella Superiore DOC zeichnet sich durch einen niedrigen Säuregehalt und ein harmonisches Bouquet aus. Er sollte gut temperiert genossen werden.

Neben dem Valpolicella Classico produzieren die Winzer hier auch noch den Recioto und den Amarone. Dieses sind hochkonzentrierte Weine mit deutlich mehr Alkoholgehalt. Die Trauben werden nach der Lese erst vorgetrocknet und dann zwischen zwei und vier Monaten getrocknet. Sie sind fast rosinenartig, bevor sie gekeltert werden. Der Alkoholgehalt liegt bei mindestens 14 %. Die Farbe ist kräftiges Granatrot, das Aroma erinnert an Kirsche und Gewürze wie Nelken und Zimt.

DER MODERNE LUGANA

Lugana – das ist eine Hymne auf guten Lifestyle, ein Statussymbol moderner Lebensart. Der Aufstieg begann vielleicht schon in den 1950er-Jahren, als die unsterbliche Maria Callas, die Operndiva des letzten Jahrhunderts, in Sirmione lebte und dort diesen Wein zu ihrem Lieblingsgetränk erhob. Es dauerte, bis der Lugana seinen Weg machte. Fast bis in die 1980er-Jahre. Der Ca' dei Frati war der erste Wein, der Lugana-Weine überregional bekannt machte. Er gilt heute als moderner Wein. Doch ob jung oder stylish, die Ursprünge des Lugana verlieren sich weit in der Zeit. In der Nähe der Pfahlbauten von Peschiera del Garda wurden Traubenkerne aus der Bronzezeit, die Vitis silvestris, gefunden. Sie geben historisches Zeugnis, dass schon früh im Süden des Gardasees, in den Hügeln zwischen Desenzano und Peschiera, Weißwein angebaut wurde.

Der Lugana zieht letztlich seine Kraft aus dem fruchtbaren Boden mit lehmiger Grundsubstanz. Er hat ein kräftiges, klares Bouquet zwischen Mandel und Zitrusfrucht und besteht zu mindestens 90 % aus Trebbiano-Trauben. Den Lugana gibt es als stillen Wein und als Schaumwein. Seine

Farbtöne variieren von einem hellen Strohgelb bis zu einem leichten Grün und erhalten mit zunehmender Reife einen goldenen Glanz. Er eignet sich hervorragend als Aperitif und wird auch gerne zu italienischen Antipasti und Fischgerichten gereicht.

Dies alles kann man in der Weinschule des Weinguts »Selva Capuzza« erfahren. Im ehemaligen Bauernhaus gibt es Ferienappartements. Dazu ist eine Cantina mit ausgezeichneter Küche in einem Seitenflügel des Anwesens untergebracht. An Sonntagen organisiert Luca Formentini, der Chef des Hauses, gerne mal Jazz-Konzerte zum Brunch, veranstaltet aber auch Themen-Abendessen.

»RESTEVERWERTUNG« GRAPPA

Grappa nur als Schnaps zu bezeichnen, wäre nicht nett. Der Name Grappa ist vom italienischen Wort für Traube abgeleitet. Grappa wird aus den Resten, die nach der Weinpressung übrig bleiben, hergestellt. Es gibt verschiedene Grappasorten mit unterschiedlichen Geschmacksrichtungen. Der günstigste Grappa ist der junge Grappa. Die teureren und qualitativ hochwertigen Grappas tragen Zusatzbezeichnungen wie Invecchiata, Stravecchia und Riserva.

Bei Scaramellini in Sandra wird seit 1921 hochwertiger Grappa nach traditionellen Verfahren hergestellt. Es gibt Bardolino Grappa, Amarone Grappa, Recioto Grappa und La Grappa 5 anni. Dieser reift 60 Monate lang in Eichen- und Kirschholzfässern.

Die Weinanbaugebiete haben Dachverbände, die Adressen der Direktvermarkter und gute Landkarten bereithalten, auf welchen die Cantinas und Verkaufsstellen eingetragen sind und die zur Planung hilfreich sind.

Valpolicella

– Weingut Masi Agricola S. p. A. | Via Monteleone 26 | Gargagnago di Valpolicella | Tel. 04 56 83 25 11 | www.seregoalighieri.it oder www.masi.it
– Consorzio Valpolicella | Via Valpolicella 57 | San Pietro in Cariano | Tel. 04 57 70 31 94 | www.consorzio valpolicella.it

Bardolino

– Weingut Le Fraghe | Colombare 3 | Cavaion Veronese | Tel. 04 57 23 68 32 | www.fraghe.it | Voranmeldung empfohlen
– Consorzio Tutela Vino Bardolino Doc | Piazza Matteotti 8 | Bardolino | Tel. 04 56 21 25 67 | www.winebardolino.it

Lugana

– Weingut Selva Capuzza | San Martino della Battaglia | Tel. 03 09 91 02 79 | www.selvacapuzza.it
– Consorzio Tutela Lugana DOC | Peschiera del Garda | Parco Catullo 4 | Tel. 04 59 23 30 70 | www.consorziolugana.it

Grüner reisen
Urlaub nachhaltig genießen

Wer zu Hause umweltbewusst lebt, möchte vielleicht auch im Urlaub Menschen unterstützen, denen ein verantwortungsvoller Umgang mit der Natur am Herzen liegt. Empfehlenswerte Projekte, mit denen Sie sich und der Umwelt einen Gefallen tun können, finden Sie hier.

Der Gardasee ist eine reiche, gesegnete Region. Natur und Landschaft sind einzigartig, das Wasser klar. Die Zuflüsse kommen aus den Bergen, legen also nur kurze Strecken zurück, bevor sie den See erreichen. Und sie durchqueren auch keine großen Industriegebiete. Viele Jahre galt der See als unbelastet, denn die Abwässer werden durch eine Abwasser-Ringanlage rund um den Gardasee geklärt. Jetzt hat eine neue Studie ergeben: Er braucht mehr Rücksicht. Und zwar nicht nur von den Anwohnern, die sich durchaus um das ökologische Gleichgewicht in dieser sensiblen Landschaft bemühen, sondern auch von den Touristen, die an den See reisen. Gefordert sind zum einen die Sportler auf dem Wasser: Plastikmüll gefährdet nicht nur die Ökosysteme in Ozeanen, sondern auch den Gardasee. Wissenschaftler von der Universität Bayreuth und von der Technischen Universität München entdeckten am Gardasee mehr Plastikteilchen als erwartet. Die Partikel von weniger als 5 mm Größe waren der Studie zufolge genauso dicht verstreut wie an Meeresstränden. Der Dreck stammt von Verpackungen und Plastikflaschen, kommt aber auch als Abrieb von Sportprodukten wie Segeln oder anderem Equipment. Das Nordufer ist belasteter als das südliche Ufer. Weil die Teilchen so klein sind, verwechseln Fische sie mit Nahrung. Auf diese Weise können Plastikreste auch in die Lebensmittel von Menschen gelangen – sozusagen fangfrisch auf dem Tisch.

Zum anderen sind alle gefordert, die mit dem Auto anreisen. Der Verkehr bereitet ein großes Problem rund um den Gardasee. Die Gardesana ist auf beiden Uferseiten nur begrenzt ausbaubar, Stau zwangsweise hinzunehmen. Wer in Ost-West-Richtung unterwegs ist, dem ersparen die Autofähren Maderno–Torri del Benaco und Limone–Malcesine die Fahrt um den See. Außerdem gibt es in Nord-Süd-Richtung die Fährstrecke Riva–Desenzano. Es bietet sich durchaus auch an, das Auto stehen zu lassen und sich als Fußgänger oder Radfahrer übersetzen zu lassen.

ÜBERNACHTEN

Eco Hotel Bonapace   ▶ S. 153, b 1

In Torbole nimmt das Hotel Bonapace für sich in Anspruch, das erste dreifach vollzertifizierte Bio-Hotel am Gardasee zu sein. Es ist weltweit das erste Hotel, das alle drei Zertifizierungen, nämlich die von Arca, Passivhaus Institut und Klimahaus erhalten hat. Es ist nicht nur ökozertifiziert, sondern man will einen verträglichen Umgang mit Umwelt und den Menschen. »Öko zu sein bedeutet für uns, schädliche Einflüsse auf die Umwelt zu vermeiden (keine Wasser-, Erd- und Luftverschmutzung) und stattdessen nachhaltig zu wirtschaften und gleichzeitig unseren Gästen den größtmöglichen Komfort zu bieten«, erklärt der Hotelier. Was zur ökologischen Lebensqualität beiträgt, dafür nennt er einige Beispiele: »Für das Frühstück haben wir ausschließlich lokale Erzeuger gewählt, die sich der Biophilosophie verschrieben haben; unser Strom kommt ausschließlich aus erneuerbaren Quellen.« Als das Hotel vor wenigen Jahren errichtet wurde, setzte man auf innovative Technologien, die zum Teil zum ersten Mal beim Bau eines Ökohotels zum Tragen kamen. So werden Heizung und Kühlung mit einer Grundwasser-Wärmepumpe betrieben. Ein ausgeklügeltes Umluft-, Filterungs- und Wärmerückgewinnungssystem sorgt für die größtmögliche Reinheit der Luft in den Innenräumen. Alle Anlagen dienen der Verringerung der Umweltverschmutzung und des Wasserverbrauchs, ohne dabei den Komfort einzuschränken, den man heute gewohnt ist.

Torbole sul Garda | Via Strada Piccola 15 | Tel. 04 64 51 69 95 | www.eco hotelbonapace.com | 21 Zimmer | €€

Villa dei Campi Boutique Hotel
🍃 westl. A 6

»Langsam und ökologisch« ist das Motto des außergewöhnlich schönen Hotels in Gavardo in der Region La Valténesi. Das Boutique-Hotel geht einen neuen Weg. Statt das Wasser im

Schwimmbad zu chloren, wurde ein aufwendiges biologisches Filtersystem installiert. Durch ein perfektes Öko-system bleibt das Wasser immer rein, es müssen keine Chemikalien ver-wendet werden, die der Gesundheit und der Umwelt schaden könnten. Die Pflanzen, die den Filterbereich des Schwimmbeckens besiedeln, ziehen ihre Nahrung aus dem Wasser und säu-bern es dadurch. Steine, Kiesel und Wasserpflanzen sind charakteristisch für das Bio-Schwimmbecken. Wie ein See fügt sich der Swimmingpool in die natürliche Umgebung ein.

Der Garten des Hotels besteht aus einheimischen Oliven- und Obstbäu-men – darunter Apfelbäume, Birn-bäume, Granatapfelbäume, Kirschbäu-me, Pflaumenbäume, Quittenbäume und Mispeln. In den Bäumen finden Spatzen und Schwalben ihren idealen Lebensraum, der Garten wird von Hortensien und Blumen geschmückt, die sich – ganz romantisch! – im Bio-Badesee spiegeln. Erholung und Ge-nuss mit gutem Umweltgewissen sind da garantiert.

Gavardo | Via Limone 27 | Tel. 03 65 37 45 48 | www.boutiquehotel gardasee.de | 12 Zimmer | €€€

MUSEEN UND GALERIEN

Villino Campi ▶ S. 139, östl. c 2

Informationen und Ausstellungen, wie die Wende zu einer ökologischen Welt erreicht werden kann, bietet das »Centro di valorizzazione scientifica del Garda«. Das sensible Gleichgewicht des Gardasees wird dort gut erklärt. Dazu gibt es wechselnde Sonderaus-stellungen, die den Fokus auf ein Spe-zialthema richten.

Riva del Garda | Località Sabbioni | Via Christoph von Hartungen 4 | Tel. 04 61 49 37 63 | 25. März –30. Juni und 1. Sept.–31. Okt. Di–Fr 10–15.30, 1. Juli–31. Aug. Di–Fr 10–15.30, Sa, So, feiertags 16–19 Uhr

EINKAUFEN

Il Raggio Verde Bio ▶ S. 109, a 1

Anders als in Deutschland hat Ita-lien schon immer beim Genuss von Lebensmitteln auf frische und regio-nale Produkte gesetzt. Insofern gibt es auch im Supermarkt viel weniger Con-venience-Lebensmittel, die vorbehan-delt sind. Oft lässt sich gutes Essen direkt bei den Erzeugern einkaufen.

In diesem Bioladen in Salò gibt es z. B. auch glutenfreie Lebensmittel oder alternative Kosmetik, aber auch Haus-haltsartikel. Zweimal in der Woche wird frisches Brot gebacken.

Salò | Piazza Vittorio Emanuele II 54 | Tel. 0 36 54 03 08 | Di–Sa 8.30–12.30, 15.30–19.30 Uhr

AKTIVITÄTEN

Gourmet-Hiking am Monte Altissimo A 1

Der Monte Altissimo gilt als einer der schönsten Berge, denn er ist für seinen Blumen- und Pflanzenreichtum be-kannt. Viele der Pflanzen sind ende-misch, d. h. es gibt sie nur noch hier. Es lohnt sich, mit einem ausgebilde-ten Guide durch die üppigen Alpen-Kräuterwiesen zu wandern. Er erklärt Flora und Fauna und zeigt auch, wel-che Kräuter essbar sind. Die hungri-gen Wanderer können dann an einem hübschen Rifugio gleich ihre Schätze verarbeiten und bei einer »merenda« die »Erbe dell Altissimo«, also die

Kräuter vom Monte Altissimo, kosten. Die Wanderung dauert etwa vier Stunden und führt über 400 Höhenmeter. Es wird gebeten, dabei auch auf seinen eigenen Proviant zu achten, also dass man mitgebrachte Wasserflaschen oder Plastiktüten wieder mit ins Tal abtransportiert. Damit das einzigartige Biotop weiterhin geschützt ist, achten die Veranstalter auf eine umweltsaubere Tourenorganisation und rufen auch immer wieder zu Müllsammelaktionen auf. Anmeldung für das Gourmet-Hiking erfolgt bei der Gardasee-Bergschule »friends of arco«.

Das Bergführerbüro befindet sich im Reisebüro »La Palma« im Zentrum von Arco, direkt gegenüber der Kirche. Die Sommer-Basis »Chalet delle Guide« mit Material- und Bike-Verleih liegt dem Campingplatz von Arco gegenüber.

Azienda Agricola Ca'Bianca | Località Laghel 32 | Tel. 04 64 53 28 28, mobil 33 55 62 88 62 | www.friendsofarco.it

Naturparks

»Grüner Reisen« muss nicht nur bedeuten, dorthin zu gehen, wo modernste Technik eingesetzt wird, um Luxus und Komfort mit weniger schlechtem Gewissen zu nutzen. Umweltschutz ist eine Geisteshaltung. Was so schützenswert ist, lässt sich gerade am Gardasee gut bestaunen. Es gibt wunderschöne Naturparks. Einige schützen fast unberührte Natur, einige sind aus angelegten Parks entstanden. Ob kultiviert oder natürlich: Hier trifft man auf eine vielfältige Vegetation. Einzigartig ist die Natur am Monte Baldo, dem höchsten Berg am Gardasee. Hier vermischt sich die mediterrane Flora mit der Alpenflora.

Übrigens sind auch seltene Tiere noch am Gardasee zu Hause. Im alpinen Trentino gibt es neben Füchsen und Rehen noch Luchse und Wildkatzen. Selbst von einzelnen Wölfen wird berichtet. Sie sind alle so scheu, dass man sie selten zu Gesicht bekommt.

Diesen Traumblick vom Monte Altissimo (▶ S. 38) oberhalb von Nago muss man sich hart verdienen, aber ist er nicht jeden Schweißtropfen wert?

EINKAUFEN

*Italien ist das Herz der Modeindustrie und eine Quelle
aller kulinarischen Köstlichkeiten. Rund um den Gardasee gibt es
fantastische Möglichkeiten zu shoppen. Es soll sogar Menschen geben,
die nur deshalb übers Wochenende an den Gardasee düsen.*

Die Orte um den Gardasee bieten alles, was man gerne aus Italien mitbringen möchte. Die **Wochenmärkte** sind, anders als in Deutschland,
nicht nur Essbarem gewidmet, sondern haben auch Kleidung und Schuhe,
Haushaltswaren und Taschen im Angebot. Es ist normal, sich mit Wäsche,
Blusen oder Pullovern am Markt einzudecken. Es gibt Antiquitätenmärkte,
Schnäppchen vom Flohmarkt, Kunst- und Kunsthandwerker-Märkte. Es
gibt Kooperativen und Erzeugergemeinschaften, die vor Ort ihre Produkte wie Olivenöl und Wein direkt vermarkten. Große Einkaufsmalls
sind ein beliebtes Ausflugsziel bei regnerischem Wetter. Wobei es dafür
nicht unbedingt regnen muss, sie sind an sich ein Besuch wert.
Regionale Köstlichkeiten sind wirklich an jeder Ecke zu kaufen. Und man
darf sich gerne auch trauen, am Straßenrand bei den fliegenden Händlern einzukaufen. Honig, also »miele«, oder auch Liköre wie Limoncello

◄ Pasta, Prosciutto, Käse und allerlei
Eingelegtes verleiten zum Kauf.

oder Picco rosso und Obst wie Äpfel, Trauben oder Zitronen sind durchaus von guter Qualität. In den letzten Jahren werden aber mehr und mehr große »Corte del tipico« eröffnet. Das sind oft riesige Verkaufshöfe, in denen die regionalen Erzeuger alles erdenklich Schmackhafte anbieten. Vom Öl über Käse zu Wein und Pasta oder Dolci – alles fein abgepackt zum Mitnehmen Richtung Norden. Gutes Olivenöl findet man direkt bei den Ölmühlen, z. B. bei Olio CRU Consorzio in Arco oder in San Cassiano bei der Azienda Agricola San Cassiano di Sella Mirko. Olivenöl und Wein bietet der »Corte del tipico« in Riva del Garda, und wer selbst kochen will, bekommt guten frischen Fisch z. B. in der Cooperativa fra Pescatori Garda in Garda (www.coopgarda.it, tgl. 6.30–12.30 Uhr). Wer in kleineren Dörfern an einer »Macelleria« vorbeikommt, kann dort Salami, Schinken, Mortadella und Wurstwaren erstehen. Auch geräucherten Fisch in Vakuum-Verpackung gibt es frisch und der hält durchaus eine Tagesreise nach dem Urlaub aus.

WOCHENMÄRKTE UND BILLIGE HANDTASCHEN

Es gibt alles auf den Märkten. Das ist wunderbar. Aber man sollte sich bewusst sein, dass so manches Schnäppchen durchaus eine Fälschung sein kann. Der Handel mit Fälschungen von Markenprodukten ist mit hohen Geldbußen belegt. Nachgemachte Markentaschen oder Designer-Klamotten vom Wochenmarkt können darunterfallen. Also Vorsicht! Grundsätzlich gilt zwar: Die Menge macht's. Wer also nur für sich ein T-Shirt oder eine Sonnenbrille mitbringt, dem wird der Zoll nicht zu Leibe rücken. Aber wer seine gesamten Bekannten mit Handtaschen oder Label-Jeans versorgen will oder offensichtlich geschäftlich tätig ist, braucht eine gute Ausrede. Es drohen bis zu drei Jahre Gefängnis oder eine Geldstrafe.

SHOPPINGCENTER UND OUTLETSHOPPING

Mailand, die internationale Modehauptstadt schlechthin, ist nicht weit. Das merkt man sofort bei einem Bummel durch die charmanten Boutiquen der kleinen Städtchen am Gardasee, aber auch an der Anzahl der Shopping- und Outletcenter.

Shoppingcenter mit vielen Geschäften unter einem Dach befinden sich beispielsweise bei Desenzano (Shoppingcenter Il Leone, Lonato, 4 km vor

Desenzano, 120 Geschäfte, Tel. 03 09 15 81 78, www.illeonedilonato.com, tägl. 9–22 Uhr) oder wie das Shoppingcenter Affi mit seinen 80 Geschäften direkt an der Brennerautobahn – Ausfahrt Lago di Garda Süd (Tel. 04 57 23 56 07, www.grandaffi.it, tgl. 9–21 Uhr).

Outletshopping ist eine eigene Spielart im allgemeinen Einkaufsvergnügen. Entlang der großen Autobahnen vom Brenner Richtung Süden oder auch an der Verbindungsstrecke Mailand–Verona haben sich große Outletcenter angesiedelt, in denen es Markenware zu Schnäppchenpreisen gibt. Vor allem zu den Schlussverkaufszeiten (»Saldi«), wenn Preisnachlässe auf die ohnehin schon reduzierten Artikel gelten, kann man gute Schnäppchen machen. Auch wenn man sich Outlet nennt, ist das Ganze eine gepflegte Einkaufsmöglichkeit und hat selten mit Wühltischen oder Grabbelkisten zu tun. Die größeren Outlets haben Gastronomie dabei, sodass man sich zwischendurch vom Einkaufsstress erholen und Energie für die nächste Shopping-Runde tanken kann.

Rund um den Gardasee gibt es zudem verschiedene kleinere Outlets wie z. B. das Desenzano Fashion Outlet. Hier werden Bekleidungsartikel für die gesamte Familie angeboten. Vertreten sind die Marken Bluemarine, Versace, Gucci, Dolce & Gabbana, Bulgari, Fendi, Tod's und Cavalli. Die Preisnachlässe liegen zwischen 30 und 40 %. Das Outlet befindet sich nur 800 m von der Autobahnabfahrt Sirmione der A4 Milano–Venezia entfernt, nach der Abfahrt hält man sich in Richtung Desenzano. Hier kann man auch an Sonn- und Feiertagen einkaufen und zwar von 10–20 Uhr.

Happy Shopping verspricht der Werbeslogan des Outlet Centers am Brenner (www.dob-brennero.com). Wer vom Norden über die Alpen kommt, fährt unweigerlich daran vorbei. Ein kurzer Stopp während der An- oder Abreise im Paradies für Fashion-Victims und Shopaholics ist durchaus empfehlenswert. 50 internationale Marken bieten sich zu Outletpreisen an. Die Shops des Outlet Centers Brenner sind täglich von 10 bis 19 Uhr geöffnet, die Gastronomie und der MPREIS Lebensmittel-Supermarkt bereits ab 9 Uhr.

KONFEKTIONSGRÖSSEN UND ÖFFNUNGSZEITEN

Für Frauen des »Nordalpinen Typs« sind die italienischen Konfektionsgrößen ein ewiges Leid. Gerade rund um den Gardasee lässt sich dennoch italienische Mode erstehen, auch für frau, die nicht aus Familie Hungerhaken stammt. Die italienischen Konfektionsgrößen sind um ca. zwei bis drei Werte höher als die deutschen. Eine deutsche Gr. 36 zum Beispiel entspricht Gr. 40–42 in Italien. Eine genaue Umrechnung ist jedoch nicht möglich, weil die von den Herstellern angenommenen Verhältnisse der einzelnen Körpermaße zueinander in Südeuropa anders sind als in Deutschland.

Es gibt keine offizielle Regelung der Öffnungszeiten. Aber in der Regel haben die meisten Geschäfte Mo–Sa 9–13 und 15.30–19.30 Uhr geöffnet. Während der Hauptreisezeit haben viele Geschäfte bis 22 Uhr geöffnet, ebenso an Sonntagen.

BESONDERE EMPFEHLUNGEN

DESSOUS

Calzedonia Intimissimi Outlet   F 3

In diesem Lagerverkauf findet man vorwiegend Unterwäsche wie Slips, Unterhemden und BHs, Strumpfwaren und Bikinis sowie Badeanzüge für junge, modebewusste Frauen. Aber auch Socken, Boxershorts und Schwimmsachen für Männer und Kinder, außerdem Shirts und Schlafanzüge.

Das Outlet erreicht man von Affi aus über die Autobahn A 22 Richtung Brenner, dann nimmt man die Abfahrt Ala/Avio.

Avio | Via del Lavoro 30, Ecke Via dei Carri | Mo 15–19, Di–Sa 9–19 Uhr

HAUSHALT

Bialetti Industries   westl. A 7

Mit sechs Outlets in Italien ist die italienische Marke für Koch- und Back-

Für seine Mokka-Kannen ist Bialetti berühmt und weltweit bekannt. Der Hersteller für Koch- und Backutensilien (▶ S. 43) hat aber weitere Küchenhelfer im Angebot.

utensilien u. a. in Bologna, am Brenner und direkt neben dem Hauptwerk in Coccaglio vertreten. Hier kann man preiswert Überproduktionen, Restposten oder Sonderangebote kaufen. Neben den berühmten Bialetti-Mokka-Kannen gibt es Kochtöpfe, Pfannen, Wasserkocher und Espressomaschinen und andere Küchenhelfer.

Von Desenzano aus sind es ca. 45 km auf der Autobahn A4 vom Gardasee in Richtung Mailand, kurz hinter Brescia nimmt man die Autobahnausfahrt Rovato.

Coccaglio | Via Fogliano 1 | Tel. 03 07 72 00 11 | Mo–Fr 9–19, Sa 10–19 Uhr

KLEIDUNG

Diffusione Tessile   südöstl. F 8

Hochwertige Marken-Damenbekleidung von z. B. Max Mara, Max & Co., Marina Rinaldi, IBlues und Mariella aus der Vorsaison. Der Rabatt liegt zwischen 35 und 45 %. Ware ohne Etikett ist noch günstiger. Es gibt Restposten, aber auch Ware aus neuen Kollektionen. Um hier günstig einzukaufen, fährt man vom Gardasee auf die Tangenziale, dann auf die SS434 Richtung Legnago-Rovigo. Die Ausfahrt Legnago-Mantova führt ins Einkaufsparadies.

Legnago | Via Padana Inferiore Ovest 15 | Tel. 04 42 60 28 11 | www.diffusionetessile.it | Mo–Fr 9.30–13 und 15–19.30, Sa 9.30–19.30 Uhr, Nov. und Dez. auch sonntags geöffnet

LEBENSMITTEL

Acetaia del Balsamico Trentino
                          nördl. E 1

Alles Essig, denn zu gutem Olivenöl gehört ein guter Balsamico. Oberhalb von Riva del Garda liegt eine Acetaia, die aus dem heimischen Gewürztraminer Balsamico herstellt. Er wird durch Kochen von Traubenmost gewonnen und in Fässern aus acht verschiedenen Hölzern gelagert. Das ganze Prozedere bis zum reifen Balsamico dauert mindestens elf Jahre. Es gibt aber auch jüngeren Aceto balsamico, auch dieser ist in dem Agriturismo (mit Zimmern und Osteria) zu verkosten.

Azienda Agricola di Bombardelli Ivo | Strada di San Zeno 2 | Cologna di Tenno (TN) | Tel. 04 64 55 00 64 | www.acetaiatn.it

SCHUHE

Calzaturificio Stephy   D 5

Das Calzaturificio Stephy bietet neben Schuhen für die ganze Familie auch Sportbekleidung der Marken Lotto, Champion, Fila, Sergio Tacchini, Navigare und anderen. Außerdem Lederwaren. Die Schuhe kommen direkt vom Hersteller. Hier wird man auch bei Schuhen der Größen 47–51 fündig.

Von der Autobahnanschlussstelle Affi fährt man über Caprino Veronese hinaus in Richtung Monte Baldo bis zum Ortsteil Croce Vecchia.

Caprino Veronese | Loc. Croce Vecchia | Via Monte Baldo 51/1 | Tel. 04 57 24 12 51 | 9–12.30 und 14.30–20 (Sommer), 9–12.30 und 14–19.30 Uhr (Winter)

SHOPPINGCENTER

La Grande Mela   C 8

Etwas außerhalb von Peschiera, bei der Autobahn Richtung Verona, gibt es das Einkaufszentrum »La Grande Mela«. 120 Geschäfte auf 78 000 qm, dazu 3000 Parkplätze ziehen schon seit 1996 viele Kunden an und sind

So sieht das Paradies für Schuh-Freaks und Shopaholics aus. Unzählige Boutiquen rund um den Gardasee verführen mit High Heels in allen Farben zum Kauf.

bestens geeignet, um Klamotten und Schuhe zu erstehen. Hier lässt sich an 365 Tagen im Jahr shoppen, z. B. Kleidung bei Benetton, Sisley oder Stefanel. Oder Schuhe bei Foot Locker, Haushaltswaren und, und, und. Erreichen kann man das Center, wenn man von der Autobahn A4 Milano–Venezia kommend die Abfahrt Sommacampagna nimmt und dann der SS11 in Richtung Peschiera folgt.

Zwar nicht im Shoppingcenter, aber ganz in der Nähe im Industriegebiet von Bussolengo befindet sich das Salewa Outlet mit Sportbekleidung für den Bergsport wie Wandern oder Skifahren zu Fabrikpreisen (www.salewa.it, Di bis Sa 9–12.30 und 15–19.30 Uhr).

Peschiera del Garda | Tel. 04 56 08 18 15 | www.lagrandemela.it | Mo–Sa 9–21, So 10–20 Uhr

STOFFE UND TEXTILIEN

Eger 1877   D6

Edelste Materialien werden hier zu schönen Stoffen verarbeitet, die ihre Verwendung vornehmlich für Gardinen und Möbel finden. Außerdem gibt es in dem Stoffe-Outlet auch einen Nähservice.

Das Stoffe-Outlet von Eger 1877 ist neben dem Supermarkt De Beni zu finden, der sich von Affi kommend und in Richtung Garda fahrend beim Abbiegen in die Via Repubblica gleich auf der linken Seite befindet.

Costermano | Via Della Repubblica 2 | Mo–Sa 9–13 und 15–19, So 9–13 (Sommer), Mo–Samstag 8.30–12.30 und 15.30 bis 19.30 Uhr (Winter)

Weitere Geschäfte und Märkte finden Sie im Kapitel DEN GARDASEE ERKUNDEN.

SPORT UND AKTIVITÄTEN

Die Natur, die Landschaft und das Klima des Gardasees laden ein, aktiv zu sein. Mehr als 2000 Höhenmeter lassen sich hier zurücklegen. Der Gardasee ist, vor allem an seiner Nordseite, im Trentin, wie ein natürliches Fitness-Zentrum für Outdoor-Fans.

Der Gardasee ist ein Eldorado für alle Sportarten: Vom Segeln zum Mountainbiken, vom Windsurfen zum Klettern, vom Canyoning bis zum Paragliding, Nordic Walking, Trekking, Reiten, Golfen, Wandern, Radfahren, Tennis – es gibt nichts, was es nicht gibt. Vor allem **Radsportler** fühlen sich wohl am Gardasee, egal, ob sie das Mountainbike oder das Rennrad bevorzugen. An welchem Ufer des Sees man sich auch aufhält: Der Radsport wird überall betrieben. Aber der Norden, Gardatrentino, hat die interessantesten Spots. Es gibt aufregende Abfahrten in den Bergen im Gebiet des Monte Baldo und atemberaubende Downhills auf den Hängen des Monte Altissimo. Wer es ruhiger mag, kann gemütlich dahinradeln auf den insgesamt 400 km langen Fahrradwegen, durch grüne Wiesen, duftende Olivenhaine und Weinberge. Unter Bikern berühmt ist »L'AnelloGardaSarca«, der alle Gemeinden des Gardatrentino

◄ In Arco nördlich des Sees (► S. 142)
fühlt sich die Kletter-Szene wohl.

mit einem Rundkurs von 61 km für Mountainbike und Trekkingrad verbindet. In der Saison finden auch viele Rad-Events statt, die sowohl für Teilnehmer als auch Zuschauer interessant sind. Da wäre der Giro Del Trentino in Arco, der immer im April stattfindet (www.girodeltrentino.com), oder das Bike Festival Garda Trentino in Riva del Garda, das der europäische MTB-Saisonauftakt im Mai ist (www.bike-festival.de) oder der Grand Prix della Montagna, wo an zwei Tagen im Juni zwei Radrennen stattfinden (www.ugobike.net/grandprix).

Ob man es nun **Klettern** oder Climben nennt, der Gardasee ist ein ideales Revier für diese Sportart. Wer von Torbole Richtung Malcésine fährt, kommt an einigen Kletterwänden vorbei. Genauer gesagt, er fährt im Tunnel unter ihnen hindurch. Die Spiaggia delle Lucerole ist eine schräge Felsplatte, an der sich viele Freeclimber versuchen. Andere Locations sind Corno di Bó oder Tempesta. In Nago ist die »Falesia Belvedere« mit 46 ausgebauten Routen von 4a bis 7b berühmt. Infos zu den Wänden und dem genauen Einstieg findet man unter www.arcowall.com oder auf der Webseite www.gardatrentino.it.

HAUPTSACHE OUTDOOR

Zum Bouldern geht es eher nach Arco an die Massi di Prabi oder nach Dro an die Massi die Gaggiolo. Interessant ist es auch in der Boulderhalle, ca. 15 km nördlich von Arco in Pietramurata (Pietramurata, Viale Daino 74a, Bouldercity SRL, Tel. 04 64 50 73 54, www.bouldercity.it). Ein anderes Highlight ist das Rock Master Festival. Vier große Stahlbögen, die an 25 m hohen Pfeilern aufgehängt sind, geben die Location fürs Festival. Seit 25 Jahren findet dieser international renommierte Kletterwettbewerb in Arco (www.rockmasterfestival.it) statt. Ein Highlight für alle, auch für die, die nur »sympathisieren« mit diesen Körperkünstlern, den unglaublichen Climbern.

Die meisten Besucher des Gardasees zieht es aber auf das Wasser. Mit allerlei Arten von Booten (Motorboote sind nur im Süden erlaubt) und Brettern kann man sich auf dem Gardasee austoben. Eine Reihe von Segelregatten zieht internationale Sportsegler an. Die Regatta in der Klasse der Melges, in Torbole sul Garda, sowie die Byte CII Weltmeisterschaft in Riva del Garda im April sind Höhepunkte (www.gardatrentino.it/de/segeln-gardasee), aber auch die Regata Nazionale 420 in Torbole

Anfang Mai zieht Zuschauer und Wettkämpfer gleichermaßen an. Der Riva Cup findet Ende Mai in Riva del Garda statt und ist eine spektakuläre Regatta mit mehr als 100 teilnehmenden Booten. Der Nachwuchs vergleicht sein Können in der Laserklasse im Campionato Europeo Laser unter 21 im Juli in Torbole, und im August fiebert man in Riva del Garda dem Campionato del Mondo Melges 20 entgegen. Windsurfer kommen bei der Windsurfiadi im September auf ihre Kosten, wenn der Langstreckenwettkampf von Torbole nach Malcésine stattfindet (www.garda trentino.it/de/Windsurfiadi-Torbole-am-Gardasee).

SPORT FÜR MENSCHEN MIT HANDICAP

Die Kommunen um den Gardasee herum setzen sich dafür ein, dass auch Menschen mit **Behinderung** Sport treiben können. Vorreiter ist Arco, der Austragungsort der ersten Paralympics-Kletterweltmeisterschaft. Der Klettergarten verfügt über markierte Behindertenparkplätze und Anzeigetafeln, die auch in Brailleschrift gedruckt sind. Sie weisen den Weg auf ebenem Untergrund, er ist somit auch für Rollstuhlfahrer geeignet. Außerdem ist ein Handlauf für Blinde angebracht.

Für Segler ist die »Arche« interessant. Es ist ein mit speziellen Rampen ausgestattetes Segelboot, sodass ein Rollstuhl problemlos an Bord und unter Deck gelangt. Eine vor dem Ruder angebrachte Lehne macht es möglich, aktiv am Segeln teilzuhaben. An Bord befindet sich geschultes Personal. Es wird italienisch, deutsch und englisch gesprochen.Das Boot liegt im Porto S. Nicolò, Riva del Garda, und kann tageweise gemietet werden (www.arche-tn.it).

Das Schwimmbad Enrico Meroni in Riva hat sich auf Menschen mit Behinderungen eingestellt. Es wurde ein Hebesitz installiert, der den Einstieg ins Wasser problemlos ermöglicht. Qualifizierte Schwimmlehrer stehen für die sechs 25-Meter-Bahnen bereit (www.gardatrentino.it/de/ Behindertenurlaub-gardasee).

CANYONING

Was sich heute modern und gefährlich entwickelt hat, hieß früher einfach »Gumpen hupfen«. In Bergbächen gibt es Wasservertiefungen und da sprangen mutige Burschen von einem Wasserloch zum andern. Heute stürzt man kopfüber in voller Canyoningmontur den Wasserfall hinunter. Das ist Abenteuer und Naturerlebnis zugleich und erfordert Teamgeist und gegenseitiges Vertrauen. Allerdings sollte man nur in Begleitung von Outdoor-Führern im unbekannten Gebiet unterwegs sein (www.gardatrentino.it/de/canyoning-gardasee).

Der Tag ist schon da, doch noch ist es frisch auf dem See. Das ist die beste Zeit, um die Angel mit Erfolg vor Riva del Garda (▶ S. 137) auszuwerfen.

FISCHEN

Der mittlere und untere Teil der Sarca gilt am Gardasee als einer der besten Plätze fürs Fliegenfischen. Angelscheine sind beim Ufficio Periferico dell'Informazione della Provincia Autonoma dei Trento in Riva del Garda erhältlich (Viale Cannella 11, Tel. 04 64 55 57 10, www.gardatrentino.it/Pesca).

FUSSBALL

In Riva findet das »Milan Junior Camp« jeden Sommer statt. Jungen und Mädchen zwischen 6 und 16 Jahren werden mit gezieltem Training animiert, ihr Spiel zu verbessern. Der Jugendtrainer von Milan hat zwei Einheiten Fußballtraining pro Tag auf dem Programm, außerdem sportliche und spielerische Aktivitäten, Spiele und Turniere. Am Ende werden einige Teilnehmer ausgewählt, die am »Milan Junior Camp Day« spielen. Dann sind auch Trainer, Spieler und Manager des AC Mailand dabei. Eine Woche Sport, Unterhaltung, Freundschaften schließen – ein unvergessliches Erlebnis.

Riva del Garda | Centro Sportivo Benacense | Anmeldung und Info unter www.campcalcio.it

Auch als Startpunkte für Paraglider (▶ S. 51) sind die Hänge des Monte Baldo bei Malcésine geeignet. Rauf geht es bequem mit der Seilbahn, runter durch die Lüfte.

GOLFEN

Entlang des Gardasees erstrecken sich wunderschöne Golfplätze. Dank des milden Klimas sind die Plätze ganzjährig geöffnet. Einige haben hervorragende Hotelresorts am Platz. Die Anlagen haben in der Regel einen Ruhetag und stehen zu bestimmten Zeiten nur Einheimischen zur Verfügung. Viele Hotels haben spezielle Vereinbarungen mit den Golfcourts getroffen und bieten ihren Gästen ermäßigte Greenfees an. Die Preise lassen sich im Großen und Ganzen mit denen in Deutschland vergleichen. Die meisten Fairways liegen eher im Südwesten des Gardasees. Eine Übersicht über alle Golfplätze gibt es unter www.golfplatz-gardasee.de

KLETTERN, BOULDERN, CLIMBEN

Arco und seine direkte Umgebung ist das Eldorado aller Vertikal-Sportler. Auf internationalem Niveau werden hier Wettbewerbe ausgetragen, wie Rock Master und Rock Junior. Im Sommer 2011 fanden hier die Weltmeisterschaft der Sportkletterer und die allererste Ausgabe der Paraclimbing World Championship statt.

Für »normale« Kletterer gibt es hervorragende Routen und zahlreiche Klettergärten mit unterschiedlichen Schwierigkeitsgraden: Die mehr als 2000 ausgebauten Routen können allen Ansprüchen gerecht werden. Viele Routen wurden im Auftrag der Gemeinden ausgebaut und werden regelmäßig auf ihre Sicherheit kontrolliert. Das Label »Outdoor Park Gardatrentino« zeichnet sie aus. Daneben gibt es noch einige Klettergärten, die von der Kletter-Szene geschaffen wurde. Diese unterliegen keiner Kontrolle oder Instandhaltung. Darum: Das Risiko bleibt den Sportlern überlassen.

Der »Placche di Baone« bei Arco ist der erste Klettergarten, der auch Blinden das Klettern ermöglicht. Der Verlauf der sechs Kletterrouten ist in Brailleschrift ausgewiesen. Vom Parkplatz aus gibt es einen neuen Zugangsweg für Menschen mit Handicap, auf ebenem Untergrund und mit Handlauf. Der Spot wurde für die erste Weltmeisterschaft im Paraclimbing geschaffen.

MOTORBOOT

Motorboote sind nur im Süden erlaubt. Nördlich der Linie von Limone–Malcésine ist der See für Motorboote gesperrt. Bootskapitäne unter italienischer Flagge benötigen auf dem Gardasee ab 30 KW (40,8 PS) einen »Sportbootführerschein Binnen«. Für Boote unter deutscher Flagge braucht man diesen bereits ab 11,03 KW (15 PS). Man kann also deutlich mehr Spaß haben in Italien. Aber Vorsicht ist angeraten, wenn ein deutscher Skipper mit einem italienischen Boot seine deutsche Versicherung in Anspruch nehmen muss.

Auf dem Gardasee müssen Motorboote einen Mindestabstand von 300 m zum Ufer und zu Badezonen einhalten. In den abgegrenzten Bereichen, die dem Badebetrieb vorbehalten sind, ist jede Art von Schifffahrt untersagt. Der Fährbetrieb darf nicht behindert werden. Vorschriften zu Sicherheitsausrüstung und anderem Reglement (Geschwindigkeit, Umweltschutz) erhält man bei den Hafeninspektoren oder den Gemeindepolizeiämtern oder den Fremdenverkehrsbüros. Diese nennen auch Motorbootvercharterer rund um den See. Verzeichnis der Marinas: www.gardasee.info/Autoverkehr/ Hafen_Marinas/hafen_marinas.html.

Motorboot fahren

Motorbootfahren macht gute Laune, es beruhigt und beglückt zugleich. Es ist ein Erlebnis, sich vom See aus die alten Grandhotels anzuschauen. Mit einem Motorboot dahinzubrausen und in einem der kleinen Städtchen anzulegen ist unvergesslich (▶ S. 12).

PARAGLIDEN

Das Revier der Gleitschirmflieger am Gardasee ist das Monte-Baldo-Massiv, dessen Gipfel sich mit Seilbahnen und Liften gut erreichen lassen. Von dort kann man sich dann – allein oder auch im Tandem – ganz hervorragend in die Lüfte schwingen. Die Gleitschirmschulen am See bieten für jeden, der mal reinschnuppern möchte, Tandemflüge an. Außerdem kann man dort auch Kurse absolvieren und den Paragliding-Schein machen.

Wollen Sie's wagen?

Trauen Sie sich, einfach mal die Perspektive zu wechseln und die herrliche Gardaseelandschaft aus der Luft zu genießen! Dafür ist kein eigener Paragliding-Schein notwendig, etwas Mut zu einem unvergesslichen Tandemsprung genügt. Tandemsprünge bieten u. a. an:

– Arcobaleno Fly | Mori | Via Ravazzone 87 | www.arcobalenofly.com
– Paragliding Club Malcésine | Malcésine | Via Gardesana 228 | www.paraglidingMalcésine.it

RADFAHREN

Für Rennradtouren eignet sich die Gardaseeregion seit jeher. Vielen Profis ist es ein ideales Trainingsgebiet. Rundfahrten wie die »Santa Barbara«, die hügeligen Kurven bei Drena und die Region um das Marocche-Reservat sind mittlerweile bekannt.

Ein gut durchdachtes Bike-Shop-System rund um den See sorgt für alles, was ein Radfahrer braucht: Man kann Fahrräder oder Material leihen, nützliche geografische Karten der Routen oder einfach gute Tipps bekommen, was gerade angesagt ist. Und viele Shops bieten auch einen Shuttleservice. Sie bringen einen zum Startpunkt oder holen einen am Ende einer Strecke mit dem gesamten Equipment wieder ab. Das Touristbüro IngardaTrentino bietet Broschüren mit Karten und Tourprofil für Mountainbiker. Diese sind auch als GPS-Track zum Download erhältlich (www.gardatrentino.it/percorsi-MTB).

Velodrom im Sportzentrum Dro

◢◢ nördl. E 1

Absolut neu ist dieses Radcenter der »Federazione Ciclista Italiana«. Es gibt eine 800 m lange und 5 m breite Asphaltpiste mit Kurven und Steilwänden. Ein idealer Trainingsort, den Urlauber den ganzen Tag nutzen können. Nur am Abend von März bis Sept., 17 bis 19.30 Uhr, trainiert der Verein.

Dro | www.ciclisticadro.it, www.gardatrentino.it/outdoor

REITEN

Ausritte und Touren in Toscolano-Maderno bieten z. B. Club Ippico San Giorgio Arco (www.clubippicosangiorgio.it) oder Agriturismo Scuderia Castello in Gaino di Toscolano-Maderno (www.scuderiacastello.it). Kutschenfahren und Programm auch für Kinder wird in Dro bei Cavalli & Carrozze (www.cavalliecarrozze.it) angeboten.

RUNNING/MARATHON

Lauftreffs ergeben sich morgens am Seeufer von ganz alleine. Die Touristinfos haben in den einzelnen Orten ihre Übersichten, wo es organisierte Lauftreffs gibt. Inzwischen gibt es auch zwei renommierte Marathon-Rennen: im September startet man beim Lake Garda Marathon (www.lakegardamarathon.com) von Limone nach Malcésine. Der GardaTrentino Halbmarathon (www.trentinoeventi.it) ist immer am zweiten Novemberwochende. Er führt von Riva über Torbole nach Arco.

SEGELN UND WINDSURFEN

Wind und Wellen sind verlässlich. Die stetigen Winde machen jeden Tag für

Wassersportler perfekt! Der Peler weht morgens von Nord nach Süd und die Ora nachmittags von Süd nach Nord. In Torbole und Riva finden Anfänger und Profis Surfschulen, Ausrüstung und Windsurf-Hotspots. Die beiden Orte sind als europäische Austragungsorte für Regatten bekannt. Es gibt ausgezeichnete Segelschulen.

Stickl-Sportcamp

Heinz Stickl – Ex-Segeleuropameister und Surfweltmeister – ist gebürtiger Tegernseer. 1976 gründete er eine Surfschule, daraus entwickelte sich über die Jahre das Stickl-Sportcamp, heute die größte Surf- und Segelschule am Gardasee. Und nicht nur das, es ist das größte VDWS-HobieCat-Center Europas und auch die erste Kitesurfschule. Seit letztem Sommer wurde auch das

Stand-up-Paddeln, kurz SUP, als weiterer neuer Wassersport in das Programm aufgenommen. Und bei allem ist Heinz Stickl immer interessierter Ansprechpartner.

Malcésine | Tel. 04 57 40 16 97 | www.stickl.com

TAUCHEN

Versunkene Wracks oder alte Amphoren statt Korallenriffe warten auf den Taucher im Gardasee. Besonders reizvoll ist es im Frühjahr und Herbst. Im Sommer ist die sonst gute Sicht durch die Algenblüte eingeschränkt. Rund um den See gibt es mehrere Tauchbasen, die Kurse und geführte Tauchgänge anbieten, darunter auch Nachttauchgänge oder Eistauchen im Winter. Um Unfälle zu vermeiden, sind beim Tauchen im Gardasee eine rot-weiße

Der Gardasee ist ein ideales Segelrevier (▶ S. 52) für Anfänger und Profis. Auf den Wind kann man sich verlassen, und die Segelschulen vermitteln das Handwerkszeug.

Eine Wanderung auf den Monte Baldo (▶ MERIAN TopTen, S. 72) ist nicht allzu schwierig und vermittelt immer wieder neue Perspektiven auf den See und die umliegenden Berge.

Tauchflagge oder Signalboje und teilweise sogar ein Begleitboot vorgeschrieben (www.gardatrentino.it/de/Tauchen-Gardasee).

TENNIS

Wer im Urlaub noch ein wenig an der Rückhand feilen oder den Aufschlag verbessern möchte, findet hierzu rund um den Gardasee die Gelegenheit. Für den Nachwuchs gibt es eigene Programme, z. B. findet in Riva del Garda im Sonmmer mit dem Circolo Tennis Riva ein Trainingscamp für Kinder statt (www.ctriva.it).

Tenniscenter Lago die Garda ⚑ D 3

Am Westufer ist die Hochebene von Tremosine dank ihres angenehmen, etwas frischeren Klimas ein besonders beliebter Ort für Tennisferien.

Das Tenniscenter ist die größte und älteste Tennisanlage am Gardasee. Seit fast 30 Jahren hat man Erfahrung im Tennissport. Es gibt eine gepflegte Tennisanlage mit 13 Sandplätzen.
Voltino di Tremosine | Via Dalco 3 | Tel. 03 65 91 71 55 | www.tenniscenter lagodigarda.com

Tennisclinic ⚑ D 3

Tennisclinic– der Name ist Programm. Eingeschliffene Fehler werden in der Tennisclinic kuriert. Die Schule gehört mit zum Club Hotel Olivi in Malcésine.
Malcésine | Loc. Val di Sogno | Via Gardesana 160 | Tel. 32 70 80 88 49 | www. tennisclinic.it

TREKKING, HIKING, WANDERN

Egal, wie man diesen Sport nennt: Auf den Bergen rund um den Gardasee erschließen sich neue Horizonte. Die Anstrengungen des Aufstiegs werden vom spektakulären Ausblick auf den Gardasee belohnt. Ein weitläufiges Wegesystem durch Wälder oder in Seenähe macht das GardaTrentino zum Eldorado für Wanderungen, übrigens auch für Nordic-Walking-Runden (www.gardatrentino.it/de/nordic-walking-trekking-wandern-gardasee). Es gibt Broschüren mit Karten und Tour-Profilen. Diese sind auch als GPS-Track zum Download erhältlich (www.gardatrentino.it/it/Percorsi-Trekking-Lago-di-Garda). Wer nicht alleine wandern oder bergsteigen möchte, für den bietet es sich an, vorab bei Wander- oder Bergsteiger-Communities anzudocken.

Friends of Arco E 1

Die »Freunde von Arco« sind die erste Bergsteigerschule in der Region Alto Garda und eine von vier Bergschulen im Trentino. Auch wer ein geübter Bergsteiger ist: Wer nicht nur auf den großen, viel begangenen Routen unterwegs sein möchte, sollte sich an Profis wenden. DAV oder ÖAV haben andere Maßstäbe für Routen- und Tour-Beschreibungen, als es in Italien Usus ist. Vor Ort sind die Freunde von Arco die einzigen Anbieter, die Outdoor-Aktivitäten und Abenteuerreisen für die ganze Familie, auch für Kids, anbieten. Man darf sich bei den Friends of Arco in guten Händen wissen. Der Gründer der Bergschule, Mauro Girardi, und seine Frau Saskia sind weltweit erprobte Kletterer und Tourengeher. Sie leben mit ihren drei Söhnen in Arco und kennen jeden Winkel der umliegenden Berge. Saskia Engelhardt hat den Gar-

dasee-Band »Merian aktiv – 66 Ideen für die freie Zeit« veröffentlicht.
www.friendsofarco.it

Hike-Society

Gardatrentino gehört zu den acht Top-Destinationen der Hike-Society. Diese europäische Wander-Community gibt Routen heraus und achtet dabei auf Umweltschutz und Nachhaltigkeit, sucht Anschluss vor Ort, gibt Tipps zu Tradition und Gastfreundschaft. Oder macht gemeinsame Wanderreisen.
www.pure-wanderlust.de

Blumenwiesen schnuppern 2

Am Monte Tremalzo im Ledrotal gibt es noch paradiesische Blumenwiesen, mit Schätzen, die anderswo nicht mehr blühen. Es existieren gut 17 Arten, die sich während der letzten Eiszeit entwickelt haben und nur hier vorkommen (▶ S. 12).

»Outdoor Friendly«-Unterkünfte

Diese Häuser bieten Sportlern eine Reihe von extra Annehmlichkeiten: Info-Point und mehrsprachiges und vor allem sportinteressiertes Personal. Mit Internet und WiFi ermöglicht man dem Gast einen »always connected«-Status zur jeweiligen Sport-Community (z. B. Hike-Society) oder für den Download von GPS-Daten. Die teilnehmenden Unterkünfte verfügen über Wasch- und Trockengelegenheit für die Sportkleidung und ein Depot für Sportgeräte mit kleiner Werkstatt.
www.gardatrentino.it/de/outdoor-friendly

Im Fokus
Wellness – Urlaub für Körper, Geist und Seele

Der Gardasee ist bekannt als Ziel für Aktivität und Sport, für Genuss und Gourmets. Spa- und Wellness-Urlaube scheinen nun mehr und mehr Mode zu werden. Dabei ist das, was als moderner Trend daherkommt, eine uralte Geschichte.

»Benessere« nennen Italiener das, was man im Deutschen mit den Worten Wohlbefinden, Gesundheitsvorsorge und Relaxen zu beschreiben sucht. Im Norden des Gardasees hat gerade eine neue Thermenanlage eröffnet, die Garda Thermae in Arco. In klarer Stahl- und Glas-Architektur gebaut, gibt es einen sehr gepflegten Saunabereich und einen Pool, der bei 30–32 °C ein wohltuendes Bad ermöglicht. Die Garda Thermae führt fort, was zu Zeiten der K.-u.-k.-Monarchie ganz einfach »kuren« genannt wurde. Es begann als medizinische Therapie, entwickelte sich zu jener Zeit dann zu einem gesellschaftlichen Event. Das alte Kurhaus und die Kurpromenade geben noch immer Zeugnis davon. Adel, Dichter und Denker kamen um die vorige Jahrhundertwende hierher. Wer es sich leisten konnte, nahm, meist im Kreise der Familie, einige Wochen Urlaub und reiste zum Kurbad. Trink- und Badekuren wurden zur Behandlung

◀ Die Grotten des Catull (▶ S. 100) waren
vielleicht ein antikes Thermalbad.

von Krankheiten oder zur Vorbeugung innerlich und äußerlich angewendet. Die Nordseite des Gardasees war damals quasi der Strand des Kaiserreichs. Dank der klimatischen Vorzüge in der Nähe des Gardasees gilt Arco als einer der heilsamsten Orte in Italien. Luftfeuchtigkeit und Luftdruck sind hier weitgehend konstant und schaffen ein ideales Klima für alle Formen von therapeutischen Behandlungen.

WASSER – QUELLE DES LEBENS

Dass Wasser heilt, das wussten schon die alten Römer. Am Gardasee sind sie es, denen die Ehre zukommt, die Thermen im Süden des Sees fürs Volk zugänglich gemacht zu haben. Bei Sirmione sind die warmen Mineralquellen bereits von Catull in seinen Gesängen verewigt. Was sich heute nach dolce far niente oder chillen anhört, war ursprünglich der Versuch, die Kampfkraft römischer Soldaten zu erhalten. Der Feldherr Agrippa eröffnete auf dem römischen Marsfeld das erste groß angelegte Badehaus, die Thermae. Kaiser Augustus soll verfügt haben, dass die Thermen genutzt werden sollten, damit sich die römischen Soldaten von Kriegsverletzungen erholen konnten. Im 1. Jh. vor Christus existierten in Rom bereits mehr als 170 Bäder. Mit der Erweiterung des römischen Herrschaftsgebietes wurden natürlich auch an den eroberten Orten solche »soldatischen Auftankstationen« geschaffen. Doch bereits Mitte des 1. Jh. hatte die römische Society diese Art Badeanstalt als wahre Wohlfühloasen für sich eingerichtet.

Man wusste schon damals: Ein Bad in Thermalwasser wirkt wärmend, beruhigend und ausgleichend. Die Blutgefäße weiten sich, der Blutdruck sinkt und die Sauerstoffaufnahme steigt. Somit reinigt sich der Körper von innen und außen. Das verbessert das Wohlbefinden und wirkt sich positiv auf die Gesundheit aus. Die Thermalbäder am Gardasee werden auch von heilendem Quellwasser gespeist. Das verspricht Linderung bei allerlei Leiden und chronischen Krankheiten.

Bereits 1889 verlegten Taucher Rohre vor der Halbinsel von Sirmione, um die 69 Grad heiße Mineralquelle Boiola mit dem Festland zu verbinden. Seitdem sprudelt das Gesundheitswasser in die Kurhäuser von Sirmione. Die Terme di Catullo in der Altstadt und die Terme di Virgilio im Süden Sirmiones sind perfekte Adressen. Das Thermal-Wellness-Center Aquaria ergänzt die beiden traditionsreichen Anlagen. Es ist eine über

10 000 qm große Anlage mit Thermalschwimmbädern, Unterwassermassagen, Wellnesskabinen, einem Fitness-Center und einem neuen, 300 qm großen Spa-Bereich mit Saunen, türkischem Bad, einem Fango-Parcours und großem Ruhebereich. Die Thermalwassertemperatur liegt stets zwischen 34 und 36 Grad, sodass man die Thermalbecken im Freien, eingehüllt in weiche Dämpfe, auch im Winter genießen kann.

Am östlichen Ufer des Gardasee ist der Parco Termale del Garda mit der Villa di Cedri in Colà di Lazise die wichtigste Adresse. In Colà wurde die Thermalquelle erst 1989 entdeckt. Seither speist das natürlich 37 Grad warme Thermalwasser den Badesee im Park der Villa Cedri. Das Wohlgefühl für den Körper ist besonders intensiv, da kein Temperaturunterschied zwischen Wasser und Körper entsteht. Zudem ist der See mit verschiedenen Unterwassermassagen, Springbrunnen und Wasserfällen ausgestattet. Die Thermalbäder sind öffentlich zugänglich und täglich geöffnet. Man braucht keinerlei ärztliche Verordnung, wer den Eintrittspreis bezahlt hat, kann allerlei »Benessere« erhalten.

Nicht direkt am See, sondern etwa zwanzig Minuten von Lazise entfernt, liegt die Therme Aquardens. Ein neu eröffnetes, sehr anspruchsvolles Bad, das Spaß und Relax für das Wohlgefühl perfekt vereint. Über zwei Stockwerke hinweg gibt es die unterschiedlichsten Becken, dazu Grotten, Flussläufe oder Lagunen. Selbst der Internetauftritt ist bereits ein interaktives Relaxen in den virtuellen Wasserlandschaften. www.aquardens.it

SANUS PER AQUAM

Heute nennt man das, was in diesen Thermen angeboten wird, »Spa«.

Es wird gern behauptet, dass die alten Lateiner bereits den Begriff Spa für sanus per aquam, »gesund durch Wasser«, geprägt haben sollen. Es könnte auch salus per aquam oder sanitas per aquam heißen, der Satz entspricht nicht wirklich korrekter, lateinischer Grammatik. Den Begriff haben vermutlich ein paar pfiffige Werbetexter erfunden. Auch der belgische Kurort Spa wird immer wieder für die Entstehung des Wellnesstrends herangezogen. Der Name käme vom germanischen Wort für »speien, spucken« und bezeichnet die Brunnen, aus denen das Mineralwasser aufsteigt. Aber in Belgien wurde erst im Mittelalter gekurt, während in Sirmione die Thermen schon längst ein Urquell aller Wellness-Freuden waren. Egal wie – Wasser ist jedenfalls das essenzielle Therapeutikum der Spa-Kultur und am Gardasee hat man viel Erfahrung im Wohlfühl-Bereich. Im Unterschied zu den klassischen Thermen dreht sich zwar auch in den anderen Bädern und Spa-Anlagen alles rund um das Thema Wasser, doch dabei handelt es sich einfach um Wasser, nicht um Thermalwasser. Gleichwohl sind unter den verschiedenen Indoor- oder Outdoor-Pools manche gefüllt mit Salzwasser. Das Wellnessbad Gardacqua in Garda ist ein Beispiel für so ein Enjoy- und Relax-Bad.

THERME ODER SPA

International ist »Spa« längst zur Gattungsbezeichnung geworden für Saunalandschaften und Whirl- oder Swimmingpools, Dampfbäder, Schönheitsfarmen und Wellness-Center. Sehr viele Beauty-Farmen, Ästhetik-Zentren und andere Einrichtungen bieten rund um dem Garda- see an, in einem Gesundheitsurlaub Körper, Geist und Seele in Einklang zu bringen. Entschleunigung und Verlangsamung sind Stichworte, mit denen man wider die Hektik des täglichen Lebens ankämpft, um eine neue innere Balance herzustellen. Moderne Wellness ist gespickt mit fernöstlichen Methoden und luxuriösen Behandlungen.

SIEBEN SÄULEN DES WOHLBEFINDENS

Nach Definition der Weltgesundheitsorganisation ist der Mensch erst gesund, wenn er im »Zustand des vollständigen körperlichen, geistigen und sozialen Wohlergehens ist und nicht nur das Fehlen von Krankheit oder Gebrechen besteht«.

Nach Ansicht der International Spa Association (ISPA) dienen dazu die sieben Säulen des Wohlbefindens: Beauty, Harmonie, Balance, Vitalität, Wasser, Natur und Ernährung. Es geht heute immer weniger darum, sich zu sportlichen Aktivitäten anzutreiben, als vielmehr ein allgemeines, inneres Gleichgewicht zu erlangen.

Beauty-Anwendungen sorgen für gepflegte Haut und Körper, Massa- gen mobilisieren heilende Kräfte und fördern die Entspannung. Innere Balance erreicht man durch Yoga oder Meditation, die Lebensenergie wird durch Bewegung an frischer Luft und in schöner Umgebung ge- weckt. Pflanzliche Produkte wie Schlammpackungen oder Baderituale und Hydrotherapien im Wasser geben einem einen neuen Bezug zu Natur und Natürlichkeit. Und letztlich ist die Ernährung, der kulina- rische Genuss, von Bedeutung.

Was in der heutigen Spa-Kultur an Behandlungen angeboten wird, stammt aus einem sehr breiten Spektrum globaler Bodytreatments. Ob Lumilumi, Thalasso oder Kräuteranwendungen, ob die Lehre von den Fünf Elementen, Ayurveda oder TCM dahinter steht: Es geht immer um den Ausgleich der Kräfte für eine ganzheitliche, innere Harmonie.

FESTE FEIERN

*Man feiert gerne am und um den Gardasee, und zwar
das ganze Jahr über. Das gilt für Einheimische und Besucher
gleichermaßen. Es geht dabei fast immer um Liebe, Essen und Wein,
aber auch spannende sportliche Highlights sind dabei.*

Am Gardasee ist eigentlich immer etwas los, ob es sich nun um Kulturevents oder Sportveranstaltungen handelt. Oder um ein religöses Fest
wie Ostern, das mit Prozessionen und Passionsfestspielen begangen wird.
Nicht zu vergessen den **Karneval**, den man gut in Verona bestaunen
kann. Um diese Zeit ist ein Ausflug nach Venedig besonders interessant,
denn der venezianische Karneval ist etwas ganz Besonderes. Nicht nur
wegen der Masken, es ist auch die eigenartige Stimmung der Jahreszeit in
der Stadt am Canal Grande. Zum Faschingsausklang sollte man dann
aber schon in Arco sein.

Ab Mai wird es dann schon wieder sportlich: von Segelregatten über Rad-
rennfahrten bis zu Fußballereignissen ist alles dabei, was Anwohner und
Gäste interessieren und erfreuen könnte. Von Juni bis September folgen
dann die berühmten **Opernfestspiele** von Verona, die vom süd-östlichen

◀ Die Vittoriale-Festspiele (▶ S. 62) in
Gardone Riviera sind gut besucht.

Teil des Gardasees sehr schnell zu erreichen sind. Die Stimmung dort – phänomenal. Man sollte mindestens einmal dort gewesen sein! Schon ist es September und die Gesangskultur geht nahtlos in die Genusskultur über. **Weinfeste**, z. B. in Bardolino, und Veranstaltungen, bei denen sich alles um das gute Essen dreht, stehen nun auf dem Programm. Hier steht oft das Olivenöl im Mittelpunkt, das am Gardasee in vorzüglicher Qualität erzeugt wird, und im November dann die Maroni, die man hier zu allerlei Köstlichkeiten verarbeitet.

STIMMUNGS- UND GENUSSVOLLE WEIHNACHTSZEIT

Und dann folgen schon die **Weihnachtsmärkte**, die vor allem im Norden stattfinden (auch mit Maroni): In Riva del Garda, Arco, Torbole sul Garda, Nago, Canale di Tenno und Rango-Bleggio warten die stimmungsvollen Märkte auf ihre Besucher. Im Süden des Gardasees ist die Weihnachtsmarkt-Tradition nicht so ausgeprägt. Hier sind dafür die Wochenmärkte ausgesprochen spannend für alle Schleckermäuler, denn da gibt es zu dieser Zeit zum Beispiel haltbares Olivengebäck, allerlei Olivenpasten oder eingelegte Feigen.

FEBRUAR

Verona in Love
Der Valentinstag wird in Verona groß gefeiert und dauert mit Konzerten, Festen und Veranstaltungen mehrere Tage.
Um den 14. Februar
www.veronainlove.com

FEBRUAR/MÄRZ

L 'Alloro e il Bambù, Arco
In Romazollo bei Arco wird der Fasching verabschiedet und der Frühling begrüßt. Die jungen Männer des Dorfes bauen aus Bambus Baldachine und starten einen Umzug.
Sonntag nach Fasching
www.visitgarda.de

MÄRZ/APRIL

Passionsaufführung, Casteletto di Brenzone
Laien spielen Szenen der Passionsgeschichte nach.
Karfreitag
www.lagodigardaveneto.com

MAI

Bike-Festival, Gardatrentino
Ein Fixtermin der internationalen Mountainbike-Szene. Vier Tage lang testen 2500 Profis, Vollblut-Biker und Hobbyradler die unterschiedlich schwierigen Mountainbike-Strecken.
1. Maiwochenende
www.gardatrentino.it/de/bike-festival-garda-trentino-gardasee

JUNI

Palio del Chiarette, Bardolino

Auf Genuss setzt das Weinfest in Bardolino. Degustation und Verköstigung gibt es an der Uferpromenade.
Ende Mai/Anfang Juni
www.bardolinotop.it

La Cinquemiglia del Ghiottone

Salami, Olivenöl, Olivenpaste, Brot, Wein, Käse … zu einem Schlemmerspaziergang laden die Dörfer von Tremosine ein.
Anfang Juni
www.infotremosine.org

Festa del nodo d'amore, Valeggio sul Mincio

Beim Tortellini-Fest werden rund 4000 Gäste mit den »Liebesknoten«, den Tortellini bewirtet. Feuerwerk und eine Parade in historischen Kostümen inklusive.
Mitte Juni
www.valeggio.com

Schwalbe Tour Transalp, Arco

Die 800 km lange Tour beginnt in Sonthofen im Allgäu und hat nach sieben Etappen für rund 1300 Amateur-Rennfahrer ihre Zieleinfahrt in Arco am Gardasee.
Ende Juni/Anfang Juli
www.gardatrentino.it/de/schwalbe-tour-transalp-arco-gardasee, www. tourtransalp.de

Palio delle Bisse

Ruderregatta im Stehrudern wie in den venezianischen Gondeln. Mehrere Regatten von Gargnano bis Sirmione.
Ende Juni bis Anfang August
www.legabissedelgarda.org

JULI

Internationales Jazzfestival

Das internationale Jazzfestival findet in allen Gemeinden des Gardatrentino mit einer Vielzahl von Konzerten statt. Eine Woche bieten die Musiker Jazzmusik auf höchstem Niveau. Interessierte finden ihren Rhythmus jeden Abend in Cafés und Bars am Strand.
Ende Juli/Anfang August
www.gardatrentino.it/de/garda-jazz-festival-trentino-gardasee

Vittoriale-Festival, Gardone

Internationale Künstler präsentieren sich im Amphitheater des Vittoriale degli Italiani in Gardone Riviera.
Ende Juli/Anfang August
www.anfiteatrodelvittoriale.it

AUGUST

Notte di San Lorenzo, Pesciera

In den Laurenzinächten sollen besonders viele Sternschnuppen zu sehen sein. Ab 21 Uhr gibt es an der Uferpromenade und im Forte Ardietti dazu Calici di Stelle, »Sternenkelche«, also gefüllte Weingläser.
Um den 10. August
www.lagodigardaveneto.com

Rustico Medioevo, Canale

Das idyllische Tennotal mit dem Örtchen Canale bietet die filmreife Kulisse für die mittelalterlichen Festspiele. Rustico Medioevo geben spannende Einblicke in die Kultur und das bäuerliche sowie höfische Leben des Mittelalters mit Tänzen und Choralmusik sowie kulinarischem Genuss.
9. bis 17. August 2014
www.gardatrentino.it/de/Rustico-Medioevo-Tenno-Gardasee

Märchenfest Notte di Fiaba, Riva

Die Stadt verwandelt sich in ein Märchenland mit Theateraufführungen, Partys, Konzerten und einem großem Feuerwerk.

Ende August
www.gardatrentino.it/de/Marchennacht-Riva-del-Garda-Gardasee/

Schneckenfest, Riva del Garda

Bei dem jährlichen Sagra della Lumaca kann man die Gaumenfreuden der Region, insbesondere natürlich die Namensgeber, an zahlreichen Spezialitätenständen verkosten und traditioneller Musik lauschen.

Ende August/Anfang September
www.gardatrentino.it/it/Sagra-della-lumaca-Riva-del-Garda

Rock Master, Arco

Internationale Kletterer finden sich in Arco ein und zeigen ihr Können in den Disziplinen wie Speed-Klettern, Bouldern und Lead-Klettern.

Ende August/Anfang September
www.rockmasterfestival.com

SEPTEMBER

Centomiglia, Boliaco

Die größte Segelregatta am Gardasee für verschiedene Bootsklassen.

Anfang September
www.centomiglia.it

Festa dell'Addolorata, Bolognano bei Arco

Vier Tage traditionelles Dorffest im Sarcatal, bei dem die regionalen Genüsse im Mittelpunkt stehen.

Mitte September
www.gardatrentino.it/de/Festa-dell-addolorata-dorffest-bolognano

OKTOBER

Festa dell'Uva

In Bardolino wird auf den berühmten Trauben- und Weinfesten die Ernte gefeiert. An der Uferpromenade gibt es Weinproben und Verkostung aller kulinarischer Leckereien.

Anfang Oktober
www.bardolinotop.it

Gardasee-Marathon

Dieser Marathon führt von Limone über Riva del Garda nach Malcésine vorwiegend am Ufer des Sees entlang.

12. Oktober 2014
www.lakegardamarathon.com

Festa del Marrone DOP – Kastanienfest in San Zeno di Montagna

Drei Wochenenden lang im Herbst wird in San Zeno di Montagna die Kastanienernte gefeiert.

Mitte Oktober bis Anfang November
www.marronedisanzeno.it, www.comunesanzenodimontagna.it

NOVEMBER

Rassegna dell'Olio Novello, Castelletto di Brenzone

Olivenöl probieren, Olivenhaine und Ölmühlen besichtigen, einkaufen …

Ende November
www.gardasee.de/veranstaltung/festadellolio.html

DEZEMBER

Weihnachtsmannhaus, Riva

Vor der bezaubernden Kulisse des malerischen Städtchens und dem Hintergrund des Sees funkeln die Lichter der Weihnachtsbeleuchtung.

Ab Anfang Dezember
www.gardatrentino.it

MIT ALLEN SINNEN
Den Gardasee spüren & erleben

Neben dem klassischen Sightseeing sollten Sie es nicht verpassen, ganz in das Leben der Region einzutauchen und sie mit allen Sinnen zu entdecken. Egal ob Sie alte Traditionen kennenlernen oder ihre Geschmacksnerven herausfordern wollen, sportliche Aktivitäten suchen oder sich eine kleine Auszeit gönnen wollen: hier finden Sie die richtigen Empfehlungen.

◄ Spannend ist eine Tour durch die Steinbrüche im Bosco Caproni (▶ S. 65).

AKTIVITÄTEN

Cucina italiana　　　🔖 C 5

Die italienische Küche ist ein Geschenk für die Sinne. Ein Kochkurs bei Andrea und Lara im Restaurant »Le Gemme di Artemisia« speist alle Sinne mit unvergesslichen Eindrücken. Da ist der wunderbare Duft von Kräutern und frischen Zutaten, da sind die Aromen der lokalen Produkte. Im Herbst schmeckt der frische Trüffel noch unvergleichlich erdig. Dazu lehrt Andrea die richtige Technik für beste Pasta. Ob Tortelloni oder Spaghetti, was gekocht werden soll, wird bei der Anmel-

dung abgesprochen. Andrea, der Chefkoch, bietet Kurse für Anfänger und für Fortgeschrittene. Er stellt sie aber nur auf Anfrage zusammen und bietet sie nur vormittags von 9–13 Uhr an. Am Nachmittag muss er nämlich selbst in die Küche. Es wird in kleinen Gruppen von 2–6 Personen gekocht. Das Ganze findet in der Küche einer Villa statt, die einen atemberaubenden Ausblick auf die umliegenden Hügel und über den See bietet. Die Freude, die alle während des Kurses haben, hat schon so manche Freundschaft gestiftet und wirkt noch lange über den Urlaub hinaus.

Albisano di Torri del Benaco | Le Gemme di Artemisia | Via Corrubio 18 | Tel. 04 52 42 86 22 | www.legemme diartemisia.it

Felsen　　　🔖 E 1

Schattige Waldwege führen in höhlenartige Steinbrüche bei Arco. Bosco Caproni nennen die Einheimischen den Wald nach einem Flugzeugbauer namens Caproni, der den Steinbruch wieder aufforsten ließ. Am Kletterfelsen »Pelicromuro«, dort, wo Freeclimber die vertikale Herausforderung suchen, beginnt die Tour. Ein Schotterweg führt in die Höhe und dann in die Höhlen. Es sind Oolith-Steinbrüche, der weiche Kalkstein wurde über die Jahrhunderte von Bildhauern verwendet. Zum Beispiel für die Kirche von Arco oder die Taro-Brücke in Parma.

Tief führt der Weg in die Höhlen hinein und hindurch. Das halbschattige Licht, manches Mal der Einfall eines Sonnenstrahls, die Brechungen an den Felsformationen geben der Wanderung etwas Zeitloses, Mystisches. Unerwartete Einsichten schärfen den Geist auf besondere Art und Weise. Bronzezeitliche Felsmalereien gibt es auch zu entdecken. Eine Anhöhe lädt zum Picknicken ein. Es ist eine gemütliche Zwei- bis Drei-Stunden-Tour, bei der man durchaus die Zeit vergisst.

Arco | Ortsteil Massone | den Wegweisern »Falesia di Policromuro« bis zum Parkplatz, dann einfach dem Fußweg folgen | www.gardatrentino.it

Figuren   🦋 nördl. E 1

Der Skulpturenpark Drena 3000 animiert alle Sinne. Frische Luft, Licht, Bewegung, Genuss und Geist. Auf fast 500 000 qm sind Kunstwerke verteilt, die einmal für die Archäologen der Zukunft über die Zivilisation unserer Zeit Auskunft geben sollen. Unterhalb eines Felsmassivs, zwischen kleinen oder auch gigantischen Steinen, zwischen Zypressen und Steineichen, haben Künstler ihre Nachricht für die Zukunft hinterlassen. Es ist keine Ausstellung herkömmlicher Art, sondern ein Outdoorerlebnis. Es animiert durchaus nachzudenken, was von der traumhaft schönen Natur und unserer Kultur in tausend Jahren noch da sein wird. Die Künstler sollten Werke schaffen, die in der Zukunft unabhängig von Sprache oder Schrift verständlich sind und die der Witterung standhalten können. Das können Steinskulpturen, Felsenmalereien, Installationen sein. Zur Einstimmung dient die Projektseite der Künstler. Keine Führungen und kein Eintritt – nur schön.

Drena, 14 km nordwestl. von Riva | www.annamagicart.eu

Kaffee-Genuss   🦋 A 7

Espresso, Ristretto, Cappuccino, Latte macchiato verkosten ist die andere Art der Degustation am Gardasee. Statt Wein oder anderen Alkohol gibt es in Padenghe sul Garda bei g.martini unterschiedliche Kaffeeröstungen zu riechen, zu schmecken, zu schlürfen oder einfach zu trinken. Drei eigene Kaffeemischungen röstet Anita Benedetti-Seichter. Weil ihr Mann seinen Job nicht aufgeben wollte, hat sie 2009 die Kaffeerösterei der Schwiegereltern übernommen und führt sie nun in die Zukunft. Gegründet wurde die Rösterei, die »torrefazione«, 1939 in der Werkstatt der Großeltern Genoveffa Martini und Gerard Benedetti in Desenzano. Im Geschäft in Padenghe kann man das Kaffeerösten miterleben und verschiedene Kaffeesorten bzw. Mischungen degustieren. Anita legt Wert auf die traditionelle Röstung:

schonend und mit Abkühlung durch kalte Luft. Je nach Herkunft, Größe der Bohne und deren Verarbeitung wird die Röstung gewählt. Im Laden, der sich in einem alten Gewölbe unter den Arkaden von Padenghe befindet, gibt es natürlich auch die traditionellen italienischen Espressokannen. In Italien sind sie übrigens unter dem Namen »Moka« ein Stück Kulturgut. Aber das erläutert Anita besser selbst. Sie stammt übrigens aus dem Allgäu, Sprachprobleme gibt es also keinesfalls.

Padenghe sul Garda | Via Chiesa 34 | Tel. 0 34 90 68 55 32 | www.caffemartini. eu

Schiffchen fahren mit Goethe   🦋 E 1

Als Goethe seine Italienische Reise begann, gab es noch keine Straße um den Gardasee. Er reiste per Schiff. Auf seinen Spuren wandeln heißt also, sich mit dem Boot übers Wasser schippern zu lassen. Begleitet wird man von Goethe dabei höchstpersönlich – also quasi. Franco Farina, Schauspieler, Dramaturg, Experte zu Goethes Werk und Leben und vor allem selbst ein großer Autor, führt auf des Dichters Spuren. Er zeigt den See mit Goethes Worten, zwischen Lyrik und Drama. Dazu tritt er auf wie der Geheimrat aus Weimar höchstselbst: mit großem Schlapphut und einem Koffer aus jener Zeit. Informieren über das Werk und die Kunstprojekte kann man sich unter www.francofarina.org. Organisiert wird die Fahrt von der Touristinformation in Riva del Garda in den Monaten Juni bis September, die genauen Termine wechseln je nach Saison. Die Fahrt dauert ungefähr drei Stunden.

Riva del Garda | Brunnen an der Piazza Garibaldi | 12 €.

Soundwalking 🔖 E1

Spazieren mit den Ohren ist eine wirkliche Sinneserfahrung. Extra ausgebildete Touristguides führen unterhalb des Colodri di Arco in die Natur und ihre ganz neue Wahrnehmung, wenn das Gehör wichtiger wird als das Sehen. Ein Stückchen weit werden den neu Hörenden die Augen verbunden, damit sie sich wieder auf ihr Gehör verlassen. Stille und Klang ergänzen einander, man wird die Natur, Vögel oder auch Geräusche danach ganz anders empfinden. Zwei Stunden etwa dauert der Spaziergang. Er wird vor allem im Juli und August angeboten.

Beginn der Wanderung ist in Arco. Der Startpunkt kann von Saison zu Saison wechseln. Anmeldung in der Touristinfo Arco (Viale delle Palme 1, Tel. 04 64 53 22 55).

Arco | Treffpunkt Parccheggio via Legionari Cecoslovacchi | www.garda trentino.it | 8 €

Schroff ragt der Monte Colodri bei Arco auf. Den Blick ins Sarca-Tal hat man beim Soundwalking (▶ S. 67) erst einmal nicht, denn hier wird nach Gehör gewandert.

Über und durch Felsen hindurch führt die Gardesana occidentale (▶ S. 174).

DEN GARDASEE
ERKUNDEN

DAS OSTUFER –
VON MALCÉSINE BIS LAZISE

*Malerisch zeigen sich die Orte auf der östlichen Seite des Sees,
die sich unterhalb der Bergkette des Monte-Baldo-Massivs reihen.
Im Frühjahr thront der schneebedeckte Gipfel mächtig über dem Ufer,
umso hübscher wirken dann die oft kleinen Dörfer.*

Das Ostufer wird auch die »Riviera degli Olivi« genannt und hier führt
auch die »Gardesana orientale« entlang. Die Ostseite ist die bekanntere
Seite des Sees. Zumindest aus deutschsprachiger Sicht, denn Goethe
höchstpersönlich war hier quasi der erste prominente Tourist, der mit
seiner Reisebeschreibung die Sehnsucht nach italienischem Licht und
Sonne in die deutsche Seele pflanzte.
Je weiter südlich man reist, umso touristischer wird die Region. Aber
davor sollte keiner zurückschrecken. Die großartigen Hotels und viel-
fältigen Vergnügungsparks lassen es vergessen, dass man nicht alleine ist
und nur in Ruhe schwelgt. Hier zählen Unbekümmertheit und Gemein-
schaftssinn, es gibt am Südost-Ufer herrliche Familienressorts oder große

◄ Die trutzige Scaligerburg in Malcésine
(▶ MERIAN TopTen, S. 72).

Campingplätze für ein unvergesssliches Urlaubserlebnis. Und falls es wirklich mal nötig sein sollte, etwas individueller unterwegs zu sein: Bardolinos Weinberge im Hinterland bieten die besten Ausflugsmöglichkeiten.

WEIN, OLIVEN UND MARONI

Essen kann man wie überall rings um den Gardasee gut. Im Osten sind es vor allem die Maroni, die als lokale Spezialität geschätzt werden. Es gibt viele lokaltypische Gerichte mit Maroni. Es waren die alten Römer, die nicht nur die Weinrebe und den Olivenbaum am Gardasee etabliert haben, sie sollen auch die Esskastanien mit an den Gardasee gebracht haben, denn ursprünglich stammen sie vom Schwarzen Meer. Da die Maroni aus San Zeno di Montagna (▶ S. 79) besonders schmackhaft sind, dürfen sie mit dem Gütesiegel DOP (Denominazione di Origine Protetta) verkauft werden. Denn Kastanie ist nicht gleich Kastanie.

MALCÉSINE ⚑ D 3

3700 Einwohner
Stadtplan ▶ S. 73

Zwischen Himmel und See thront Malcésine. Manche Reiseführer rechnen das kleine Städtchen am Fuße des Monte Baldo noch zum Nordufer des Sees. Aber Malcésine war nie Nord oder Ost, es war schon immer die Schnittstelle zwischen schroffem Norden und dem mediterraneren Süden des Sees. Der Hauptort des Ostufers liegt direkt am Fuß des Monte Baldo, auf einem schmalen Uferstreifen. Er wird überragt von einem zum See hin steil abfallenden Burgberg. Dort erhebt sich mächtig die Scaligerburg, die den Besucher beim Schlendern durch die engen Gassen der Stadt wie ein Magnet anzieht. Am Hafen und an der Uferfront reihen sich venezianische Palazzi. Der Palazzo dei Capitani war einmal Sitz der venezianischen Gouverneure, der kleine Palmengarten im Hinterhof lädt zur Pause im Schatten ein. Überall in der Stadt färben Kunstobjekte internationaler Bildhauer die Stadtansicht modern. In der Altstadt gibt es eine Menge hübscher Cafés und netter kleiner Läden – vor allem für Taschen und Schuhe. Im Sommer sind leider kaum ruhige Ecken zu finden, denn dann wälzen sich Touristenströme durch die engen Gassen.

Unvergleichlich zauberhaft ist allerdings der Moment, wenn es glückt, ganz alleine auf den Zinnen der alten Burg zu stehen. Das geht! Und dann kann die Seele hoch überm Gardasee im warmen Licht baden.

🕓 Kommen Sie im Sommer, sobald die Burg morgens öffnet. Besser aber noch an einem sonnigen Wintervormittag.

Das große Glück

Den offiziellen Schritt ins Glück gehen kann man gut in Malcésine. Auf der Scaligerburg wird gern geheiratet. Zuschauen und gratulieren: So nimmt man teil am großen Glück und erinnert sich gern an diesen kleinen Glücksmoment (▶ S. 13).

SEHENSWERTES

⭐ Castello Scaligero e Museo di Storia Naturale del Garda e del Baldo (Scaligerburg und Naturgeschichtliches Museum) ▶ S. 73, a 1

Die Familie »della Scala« gab der Burg ihren Namen. Das war 1277. Doch vermutlich stand schon viel früher an dieser Stelle eine Burg, vielleicht schon zu etruskischer Zeit. Auf jeden Fall hatten die Langobarden um die Mitte des ersten Jahrtausends eine Bastion an dieser Stelle gebaut. Später war die Burg dann nördlichster Punkt der venezianischen Herrscher.

In der Burganlange findet sich heute im unteren Palazzo das sehenswerte Naturgeschichtliche Museum. Multimedial stellt es vor, wie der Gardasee entstand und welche Kostbarkeiten von Flora und Fauna die Monte-Baldo-Region besitzt. Im ehemaligen Pulverturm erinnert eine Ausstellung an den Besuch Johann Wolfgang von Goethes. Er war hier 1786 Gast und wurde beinahe als Spion verhaftet, weil er Zeichnungen von der Burg anfertigte. Weniger gefährlich, aber ein wunderbares Souvenir ist da heute ein Selfie-Foto mit dem Handy von den Burgzinnen hoch überm Gardasee.

Via Castello 1 | www.comunemalcesine. it | April–Okt. tgl. 9.30–19, Nov.–März Sa, So 11.30–16 Uhr

① Funivia (Seilbahn)

Malcésine von oben sehen, das ist mit der Seilbahn auf den Monte Baldo möglich. Bis zur Zwischenstation geht's herkömmlich hinauf, und dann dreht sich alles! Die Fahrt auf dem letzten Stück hinauf auf den Monte Baldo ist wie eine Begegnung von Natur und Technik. Die Gondeln der Seilbahn drehen sich im Kreis, sodass jeder einen wirklichen Rundblick bekommt. Die Bergstation liegt auf 1760 m. Von da aus lässt es sich prima wandern.

Via Navene 12 | www.funiviedel baldo.it | April–Okt. tgl. 8–18, Dez.–März 8–16 Uhr | Nov. wegen Revisionsarbeiten geschl. | im Sommer muss mit Wartezeiten bis zu 1 Std. gerechnet werden | Berg- und Talfahrt: 19 €, Kinder 15 €. Mountainbikes einfach 17 €, nur nach vorheriger Reservierung

② Monte Baldo ▶ S. 73, östl. c 1

Es gibt kaum ein schöneres Panorama als im Spätherbst oder im Frühling, wenn der Monte Baldo mit einer weißen Schneehaube sich über dem Azurblau des Sees erhebt. Aber freilich ist auch im Sommer ein Ausflug auf den

Malcésine

Lago di Garda

Porto Vecchio

Porto

©MERIAN-Kartographie

Monte Baldo empfehlenswert. Ist unten das Ufer überlaufen mit Touristen, so kann man oben auf den vielen Wanderwegen durchaus Ruhe finden. Wandermöglichkeiten gibt es für geübte und ungeübte Trekker. Allerdings ist die jeweilige Wanderroute nicht immer so eindeutig markiert, wie man es in Deutschland, Österreich und der Schweiz kennt. Es gibt aber hervorragende Wanderführer im Buchhandel, die die Touren genau beschreiben. Von Mai bis September finden mittwochs und donnerstags Naturführungen mit mehrsprachigen, professionellen Wanderführern statt. Sie erklären in etwa zwei Stunden die faszinierende Welt der Blumen und Tiere im »Garten Europas«. Im Winter lässt sich auf dem Monte Baldo übrigens Skifahren mit Seeblick!

❷ Palazzo dei Capitani

Viele Jahrhunderte herrschten die Statthalter Venedigs hier. Der stolze Löwe von San Marco, das Emblem der venezianischen Macht, ist in der Halle in einem Fresko erhalten. Der Palast wurde im 13. Jh. erbaut, heute wird er als Rathaus genutzt. Im Obergeschoss ist der historische Ratssaal mit seiner facettenreichen Kassettendecke sehenswert. Wenn Ausstellungen stattfinden, ist geöffnet. Zudem gibt es eine geräumige und gepflegte Bibliothek, auch mit deutschsprachiger Literatur.

Via Capitanato 6–8 | www.malcesine piu.it

MUSEEN UND GALERIEN

❸ Piccolo Museo Arti e Mestieri

Ein kleines Häuschen kurz vor dem Eingang zur Burg beherbergt ein Kunst- und Handwerksmuseum. Der Eintritt ist kostenlos, die Öffnungszeiten unterschiedlich. Neben dem Haus führt ein Weg hinunter zu einer kleinen Bucht unterhalb der Burg.

Via Castello 17

ÜBERNACHTEN

Hotel Casa Sartori ▶ S. 73, südl. a 3

Klein und fein – Zimmer mit großen Terrassen oder Balkonen. Nur wenige Meter zur Segelschule und zum Surfen. Das Haus liegt 3 km südlich vom Ortszentrum.

Via Lavei 1 | Tel. 04 57 40 03 84, mobil 33 89 71 03 71 | www.casasartori.it | 7 Zimmer | €€

Hotel du Lac ▶ S. 73, südl. b 3

Neu und stylish – Große Panoramafenster zur Seeseite.

Via Gardesana 63 | Tel. 04 57 40 01 56 | www.dulac.it | 37 Zimmer | €€€

ESSEN UND TRINKEN

Es ist wie immer in typischen Touristenorten: Viele der Restaurants in Malcésine sind nicht gerade etwas Besonderes, vor allem die, die an der Uferseite entlang der Altstadt liegen. Ihr Service ist eher schludrig. Man sollte da zufrieden sein, wenn man sehr schön am See sitzt.

Freilich gibt es auch gute und außergewöhnlich gute Lokale. Im Herbst findet alljährlich das »ciottolando con gusto« statt, ein Genießer-Wochenende für Schlemmerfreunde (www.ciottolando.com).

Malcésines historischer Palazzo dei Capitani (▶ S. 73) stammt aus der glanzvollen Zeit der venezianischen Herrschaft und wird heute als Rathaus genutzt.

RESTAURANTS

**4 Al Gremal Teca
Wine Bar & Dinner**

Weine aus der Region – Weinverkostung mit regionalen Produkten, besonders Käse und Salami.

Via Scoisse 2 | Tel. 04 56 57 09 93 | Di–So 10–14, 17–2 Uhr | €€€

5 Corsaro

Schick, schön und schmeckt – Das Lokal liegt direkt am See, unterhalb der Burg. Fangfrische Fischspezialitäten, ausgesuchte Weißweine und dazu Sonnenuntergangsblick.

Via Paina 17 | Tel. 04 56 58 40 64 | www.alcorsaro.it | €€€€

6 Italia da Nikolas

Toller Blick, tolles Tiramisu – Die Speisekarte wie beim Italiener um die Ecke, aber dafür direkt am See mit Blick auf den Hafen und den historischen Palazzo dei Capitani.

Via Umberto Portici 5 | Tel. 04 57 40 00 25 | www.ristoranteitalianikolas.it | tgl. 8–24 Uhr | €€

EINKAUFEN

LEBENSMITTEL

Consorzio Olivicoltori ▶ S. 73, nördl. b 1

Olivenöl in Hülle und Fülle ist hier geboten. Die alte Ölmühle gibt es seit 1946. Etwa 500 Olivenbauern lassen hier das berühmte Olio extra vergine D.O.P. Garda pressen. Ein hübscher Shop bietet vieles rund um Öl und Olive zum Verkauf.

Via Navene | www.oliomalcesine.it

7 Markt

Auf der Piazza Statuto ist jeden Samstag Markt von 8–13 Uhr.

SERVICE

AKTIVITÄTEN

Baden ◢ D 3

Baden mit Blick auf die Burg vor Bergpanorama lässt sich nördlich von Malcésine, am Lido Paina. Schöne Liegewiesen gibt es südlich des Zentrums, am Lido Sopri. Das Val di Sogno ist eine kleine, grüne Halbinsel südlich des Ortszentrums, dem die Isola del Sogno vorgelagert ist. Obwohl der größte Teil unzugänglicher Privat- oder Hotelbesitz ist, lassen sich einige hübsche Fleckchen zum Sonnenbaden finden. Die Wasserqualität des Sees ist durchweg gut.

Heiraten

Ja-Sagen in Malcésine – es gibt kaum einen romantischeren Platz zum Heiraten. Mehr als 400 Paare geben sich hier pro Jahr ihr Trauversprechen. Der kleine Balkon der Scaligerburg hat schon vielen Paaren als Kulisse fürs Hochzeitsfoto gedient. Es gibt eine ganze Menge an Hochzeitsplanern in Malcésine, die alles für den schönsten Tag im Leben organisieren. Feier im Restaurant am See oder auf dem gecharterten Boot inklusive.

ANKUNFT/ABFAHRT

Fähre nach Limone ▶ S. 73, nördl. a 1

Malcésine vom Wasser aus lässt sich mit der Fähre oder dem Schnellboot erleben. Im alten Zentrum, an der Piazza Porto, fahren etwa alle halbe Stunde Fähren und Schnellboote Richtung Limone und Torbole. Die Nerven sparende Autofähre zum Westufer startet im Norden von Malcésine.

www.navigazionelaghi.it, www.navlaghi.it

AUSKUNFT
Turismo Malcésine
Via Capitanato 6 | Tel. 04 57 40 08 37 |
www.malcesinepiu.it

Poesie der Verlassenheit
Der Kopfsteinpflasterweg hinauf
ist gesäumt von Olivenbäumen.
Kurz vor der letzten Wegbiegung
eröffnet sich ein traumhafter Blick
über den See. Im Dorf Campo
scheint die Ewigkeit ungestört ihr
Heim zu haben (▶ S. 13).

Ziele in der Umgebung

◎ **BRENZONE SUL GARDA** D 4
2600 Einwohner

Viele hübsche kleine Dörfer machen
ein schönes Ganzes, denn Brenzone ist
eigentlich der Zusammenschluss von
16 verschiedenen »Fraktionen«, wie
das in Italien heißt. Seit Kurzem erst
darf sich Brenzone »Brenzone sul Garda« nennen. Gemeinderat und Regio-
nalrat haben im Februar 2014 dem zu-
gestimmt.

Brenzone sul Garda erhofft sich, dass
der neue Name eine größere Bekannt-
heit dieses wunderschönen Gardasee-
ortes mit sich bringen wird. Denn: Hier
leben tatsächlich das ganze Jahr über
Menschen, nicht nur zur Hauptreisezeit. Das wiederum führte dazu, dass
der Ort in der touristischen Wahrnehmung nicht ganz so weit vorne lag, wie
man das wünschte. Die Weiler und
Siedlungen verteilen sich auf rund
2000 Höhenmeter – sie liegen quasi
übereinander. Jedes Dorf hat seine
eigene Burg, Kirche oder Sehenswürdigkeit. Eines verbindet sie alle: Kul-

tur und Kulinarik. Das höchstgelegene
Dörfchen ist das mittelalterliche Prada.
Von hier führt auch eine Seilbahn auf
den Monte Baldo hinauf. Auf der Bergseite reihen sich charmante, verschla-
fene Dörfer wie Boccino, Venzo oder
Zignago zwischen Olivenhainen und
Gärten. Alte Natursteinmauern halten
die Hänge und Terrassen im Lot. Unten
schmiegen sich pittoreske Hafenört-
chen ans Ufer des Sees. In Castelletto di
Brenzone können Freizeitkapitäne direkt anlegen, haben das eigene Schiff-
chen im Auge, während sie in einem
Ristorante speisen. Falls nötig, hilft der
Kellner auch beim Vertäuen!
12 bis 20 km südl. von Malcésine

SEHENSWERTES

Campo
Eine kleine Wanderung auf einem
alten Mauleselpfad nach Campo ist
schon besonders. Das halb verfallene
Dorf verzaubert mit der Poesie der
Verlassenheit. Die Zeit hier ist nicht
stehen geblieben, aber sie vergeht im
Schritt einer dösenden Eidechse. So
beschreibt es der Dichter Oscar Simo-
netti, der hier lebt. Hier sind Dichter,
Maler und Lebenskünstler zu Hause.
Regelmäßig gibt es Ausstellungen von
Künstlern der »Tre Laghi«. Sehens-
wert ist die kleine Kirche San Pietro in
Vincoli. Bereits 1023 wird sie erwähnt.
Im Altarraum haben sich romanische
Fresken bewahrt. Seit Jahren kämp-
fen die letzten Einwohner von Campo
um den Erhalt der alten Häuser und
restaurieren sie aufwendig von Hand.
Es ist ein umstrittenes Projekt in der
Lokalpolitik, denn der Gemeinderat
wünscht sich einen finanzstarken In-
vestor, der all das Alte abräumt und

Brenzone endlich mit einem großen Neubau touristisch erschließt.
www.campo-brenzone.org

La Pietra di Castelletto

1965 entdeckte man 4500 Jahre alte Felszeichnungen auf einem Felsblock. Offenbar sind hier schon in der Vorzeit die Seebewohner mit Speeren und Schwertern unterwegs gewesen. Der Fels ist im Gemeindehaus von Brenzone, im Teilort Magugnano, zu besichtigen.
Magugnano

San Zeno a Castelletto

Die Kirche wurde auf den Mauern einer römischen Villa erbaut. Wunderschöne spätromanische byzantinische Fresken sind an den Wänden der Seitenschiffe zu sehen.
Castelletto di Brenzone

Villa Romana

Die Villa aus römischer Zeit wurde erst 2004 bei Erweiterungsarbeiten des Friedhofs in Castelletto entdeckt. Sie war wohl eine Seeresidenz, lange vor der venezianischen Herrschaft.
Castelletto di Brenzone

MUSEEN UND GALERIEN

Museo Etnografico

In Castelletto steht das Geburtshaus der Seligen Maria Domenica Mantovani. Papst Johannes Paul II. hat sie 2003 selig gesprochen. Inzwischen wurde darin das Volkskundemuseum untergebracht. Es zeigt eine typische Gardesana-Wohnung und einen kleinen Innenhof vom Ende des 19. Jh. und Gerätschaften aus jener Zeit.
Castelletto di Brenzone

ÜBERNACHTEN

Hotel Nettuno

Familia italiana – so familiär – Typisch Familie, hier können alle zusammen sein und doch macht jeder, was er will. Lorena betreibt mit ihrem Bruder das Hotel. Wenn sie sich nicht gerade um die Künstler von Campo kümmert, sagt Lorena, wo es langgeht. Übrigens macht sie manchmal selbst die Nachspeise zum Essen. Toll!
Porto di Brenzone | Via Zanardelli 7 | Tel. 04 57 42 00 83 | www.hotelnettuno.net | 30 Zimmer | €€

La Caletta Hotel Bolognese ▶ S. 24

ESSEN UND TRINKEN

Osteria al Pescatore

Einmalig und exzellent – Gardaseefisch gibt es bei Al Pescatore. Die Besitzer Livio und Rosalia gingen in Rente – und eröffneten ein Lokal. Die Chefin kocht, es gibt immer nur ein Menü, und das für ca. 50 € inkl. Wein.
Castelletto di Brenzone | Via Imbarcadero 31 | Tel. 04 57 43 07 02 | www.osteriaalpescatore.it | €€€€

EINKAUFEN

MARKT

Salami, Maroni, Oliven, Olivenöl, Trüffel vom Monte Baldo, Monte-Veronese-Käse – direkt vom Erzeuger.
Assenza di Brenzone | Piazza San Nicolo | jeden Do 8–13 Uhr

KULTUR UND UNTERHALTUNG

»Tre Laghi«

Gardasee, Achensee und Tegernsee – Künstler dieser drei großen Gebirgsseen haben sich zusammengeschlossen und tauschen sich über die nationalen

Grenzen hinaus aus. Ausstellungen wechseln dann von Italien nach Österreich und Deutschland. Verantwortlich für diesen Kulturaustausch ist Lorena, die in Porto di Brenzone ein kleines Hotel betreibt (▶ S. 77). Die junge Frau verbindet mit ihrer Energie die Herzen der Reisenden. Im Sommer gibt es Lesungen und Gespräche, um Weihnachten organisiert sie italienisch-bayerisch-tirolerische Krippenausstellungen. Da sind die Natursteine der verfallenen Mauern dann Kulisse für die Weihnachtsgeschichte.

SERVICE

AUSKUNFT

Ufficio Informazioni e Accoglienza Turistica

Via Zanardelli 38 │ Tel. 04 57 42 00 76 │ www.brenzone.it

◎ CASSONE DI MALCÉSINE ◢D 3

600 Einwohner

Es lohnt sich unbedingt, einen Spaziergang von Malcésine nach Cassone zu machen. Oder andernfalls den Shuttlebus (www.malcesinepiu.it) dorthin zu nehmen. Der kleine Ort ist malerisch und ruhig, die großen Touristenströme fließen an ihm vorbei. Sein Zentrum hat sich seit dem 16. Jh. kaum verändert. Der Hafen wird von dem Türmchen »La Torricella«, erbaut um 1500, bewacht. Es gibt ein kleines Fischereimuseum (Museo del Lago, Di–So 10 bis 12, 15–18 Uhr).

5 km südl. von Malcésine

◎ ORTO BOTANICO ◢E 4

Der »Garten Europas« wird die Region um den Monte Baldo auch genannt. Weil sein Gipfel in der Eiszeit über die

Cassone di Malcésine (▶ S. 78) liegt gleich bei Malcésine, hat aber seinen dörflichen Charme bewahrt. Selbst im kleinen Hafen ist das Seewasser glasklar.

Gletscher hinausragte, blieb hier oben eine einzigartige Flora erhalten. Es blühen mehr als 60 Orchideenarten, rund 700 einheimische Pflanzenarten, davon viele, die es nur hier auf dem Monte Baldo gibt. Die Westseite des Monte Baldo steht unter Naturschutz. Im alpinen botanischen Garten, in Ferrara di Monte Baldo, lässt sich viel über diese einzigartige Blütenwelt erkunden. Der Botanische Garten ist leider nur umständlich über kleine Sträßchen zu erreichen, die Straßenentfernung beträgt 49 km.

Rifugio Novezzina | Ferrara di Monte Baldo | Via General Graziani 10 | Tel. 04 56 24 72 88, mobil 34 56 99 03 89 | www.ortobotanicomontebaldo.org | 1. Mai–30. Sept. tgl. 9–18 Uhr | Eintritt 3 €, ermäßigt 2,50 €
15 km südöstl. von Malcèsine

◎ SAN ZENO DI MONTAGNA 🏴 C 5
1300 Einwohner

Wie ein Balkon über dem Gardasee liegt das lang gestreckte Dörfchen auf 600 m über NN. Es ist beliebter Ausgangspunkt für Wanderer. Das Gebiet um San Zeno ist reich an Wegen, die sich die Abhänge des Monte Baldo hinaufschlängeln und einfach zu durchwandern oder mit dem Mountainbike zu durchfahren sind. Almen und Sennereien laden dort zur Rast ein. Auch Campingbegeisterte finden in San Zeno ihr Glück, denn der Zeltplatz ist ganzjährig geöffnet. Für Kinder gibt es den »Jungle-Adventure«-Park (www.jungleadventure.it). Darin lassen es sich auf Balancierbalken und Netzen Abenteuer durchleben. Guter Foto-Spot ist die Panoramaterrasse vor dem Hotel Bellavista, hier reicht der Blick bis hinüber zum anderen Ufer des Sees.

25 km südl. von Malcésine

ESSEN UND TRINKEN
Taverna Kus

Bodenständig und kreativ – Das gilt sowohl für die Küche als auch für die Einrichtung. In der rustikalen Taverna sind der Weinkeller im Natursteingewölbe und das liebevolle Sammelsurium des Interieurs sehenswert. Das Essen ist ein Genuss. Gekocht wird je nach Jahreszeit. Lieblingstipp: Salat mit Wildkräutern, Kastanien, Pistazien und Monte-Veronese-Käse von den Bergbauern, dazu Wein.

Contrada Castello 14 | Tel. 04 57 28 56 67 | www.tavernakus.it | €€€€

KULTUR UND UNTERHALTUNG
Maronifest

Ende Oktober/Anfang November findet das Kastanienfest von San Zeno, die »Mostra Mercato del Marrone« statt. Der Kastanienanbau war hier jahrhundertelang eine wichtige Einnahmequelle und ist seit dem Mittelalter verbrieft. Die Früchte aus dieser Region schmecken samtig-süßer als Edelkastanien von anderen Regionen. Sie wurden und werden gekocht, geröstet oder zu Mehl für Brot und Polenta verarbeitet. Die weniger schönen Früchte verfüttert man an die Schweine. Das gibt deren Fleisch besondere Würze.

Zum Maronifest gibt es in den Restaurants von San Zeno besondere Gerichte. Beliebt sind vor allem mit Grappa oder mit Honig kandierte Maroni, Kastanienbier oder der süße Castagnaccio-Kuchen.

Zum Einstimmen oder Erinnern an das Kastanienfest werden Rezepte verteilt. Der »Castagnaccio di San Zeno« ist ein Souvenir, das auch zu Hause schmeckt und die Urlaubserinnerungen gut wieder aufleben lässt. Man nimmt 500 g Kastanienmehl, eine Prise Salz, 2 EL Zucker, etwas lauwarmes Wasser und stellt damit einen weichen, halb flüssigen Teig her. Unter den werden 50 g Rosinen, 50 g Pinienkerne und 3 EL Olivenöl gemischt. Das Ganze dann in eine Tarteform geben und bei 180 Grad etwa 30 Min backen. Das Gebäck sollte man noch warm servieren und dazu einen Espresso trinken.

Consorzio di tutela del Marrone di San Zeno D.O.P. | www.marronedisanzeno.it

GARDA 🚩 C 6

4000 Einwohner

Stadtplan ▸ S. 81

Mittelalterlich und doch modern wirkt das Städtchen, das dem See seinen Namen gegeben hat. Alte Palazzi prägen das Stadtbild. Die kleinen Gassen beherbergen vielerlei hübsche Boutiquen und Geschäfte, in denen es sich gut shoppen lässt. Die lange Uferpromenade ist wunderbar zum Schlendern geeignet, es reiht sich eine nette Gelateria an die andere. Dolce und Dolcefarniente treffen hier wunderbar aufeinander. Wer mag, kann in etwa einer Stunde auf der neuen Seepromenade nach Bardolino laufen.

Garda liegt am Fuß des Felsplateaus La Rocca. Dieser Fels war wohl schon in keltisch-etruskischer Zeit besiedelt, Archäologen fanden Pfahlbauten auf dem heutigen Stadtgebiet von Garda. Bis ins 16. Jh. stand auf dem Fels eine Burg, von der heute allerdings kein

Stein mehr zu finden ist. Manche Historiker führen den Namen »Garda« eben auf diese Burg zurück, denn sie wurde »ze Garden« genannt, wohl so viel bedeutet wie »Wächter«. Die Burg war angeblich uneinnehmbar, nicht einmal Kaiser Barbarossa gelang es, sie zu erobern.

Ein Spaziergang auf den Fels – oder auch eine Mountainbiketour – sollte unbedingt auf dem Programm stehen.

SEHENSWERTES

La Rocca ▸ S. 81, nördl. b 1

Startpunkt für eine Tour auf den Fels La Rocca ist der Zentralparkplatz von Garda. Am Anfang ist mit »Rocca« beschildert, dann folgt man der Markierung. Zunächst führt der Weg vorbei an Häusern, dann durch Wein- und Olivengärten, weiter oben ist es einfach ein Wanderweg, manchmal mit Holzbohlen ausgelegt. Mächtige Eichen spenden hin und wieder Schatten. Es gibt tolle Aussichtspunkte – Garda liegt direkt darunter, aber auch der südliche Uferverlauf Richtung Bardolino und Sirmione ist gut im Blick. Der Ausflug dauert etwa 1,5 Stunden, Proviant sollte man mitnehmen.

Nach der Legende ist La Rocca mit verantwortlich für die Entstehung des Gardasees: Die Zwergenkönigin Engardina lebte an einem kleinen See hoch oben in den Bergen. Mit ihren langen blauen Haaren verlieh sie ihm Glanz und Anmut. Eines Tages entführte ein junger Wassergott Engardina aus ihrem Reich. Er gestand ihr seine Liebe und versprach ihr einen viel größeren See, wenn sie bei ihm bliebe. Er schlug bei La Rocca mit seinem Dreizack in den Felsen und unter Donnergetöse

rauschten riesige Wassermassen ins Tal. Voller Freude sprang Engardina ins Wasser und färbte es mit ihren Haaren in tiefes, einzigartiges Blau, das noch heute leuchtet.

ÜBERNACHTEN

1 Degli Olivi

Gemütlich im Grünen – Das kleine Hotel degli Olivi wird von den Besitzern sehr persönlich geführt. Das Haus liegt inmitten eines alten und sehr gepflegten Olivenhains – nur fünf Gehminuten vom Strand.

Via Olivai 2–4 | Tel. 04 57 25 56 37 | www.hoteldegliolivi.it | 12 Zimmer | €€

2 Hotel Regina Adelaide

Charmante Villa – Die Art-nouveau-Villa aus dem frühen 20. Jh. ist heute ein elegantes Hotel. Es hat einen großen Garten, ist aber auch nur wenige Schritte vom See entfernt. Pool- und Spabereich im Haus, das Hotel ist ganzjährig geöffnet.

Via San Francesco d'Assisi, 23 | Tel. 04 57 25 59 77 | www.regina-adelaide.it | 59 Zimmer | €€€€

Weihnachtszeit mal anders

Zu dieser Zeit kann man auch in Garda gute Unterkünfte finden. Die Sonne schafft milde Temperaturen und verliert sich zum Abend hin im Dunst überm See. Jetzt ein Spaziergang am See. Das ist ein Moment, der wirklich lange nachleuchtet (▶ S. 13).

ESSEN UND TRINKEN

Ai Beati ⚑ C 6

Extra fein – Eine antike Olivenmühle und ein fantastischer Ausblick.

Località Beati | Via Val Mora 57/59 | Tel. 04 57 25 57 80 | www.ristoranteaibeati. com | 12–14.30, 19–22.30 Uhr | Di geschl., Mi mittags geschl. | €€€

EINKAUFEN

3 Cooperativa Fra Pescatori Garda

Wer selbst kochen will, bekommt hier guten frischen Fisch.

Via San Bernado 137 | Tel. 04 56 27 05 45 | www.coopgarda.it | tgl. 6.30–12.30 Uhr

Ziele in der Umgebung

EREMO DEL CAMALDOLESI 🍃 C6

Auf dem gegenüberliegenden Berg von La Rocca steht ein Kloster der Kamaldulenser, eines Nebenzweigs der Benediktiner. Die Anlage stammt aus dem 17. Jh. Die Besichtigung ist teilweise möglich, und – seit wenigen Jahren! – auch für Frauen gestattet. Schöne, ca. einstündige Wanderung dort hin.

www.eremosangiorgio.it | tgl. 9–12 und 15.30–18.30 Uhr, an der Pforte läuten

4 km südl. von Garda

MADONNA DELLA CORONA 🍃 E5

Wallfahrtskirche, die sich wie ein Vogelnest zwischen zwei Felsen schmiegt. Sie ist von Garda aus über die Strecke Costermano, Caprino Veronese und Spiazzi zu erreichen. Ein Kreuzweg mit lebensgroßen Statuen führt in ca. 20 Min. zur Kirche. Pilger können auch den Büßerweg von Brentino aus klettern (etwa 2 Std.).

1522 wurde hier eine wunderwirkende Marienstatue gefunden. Vermutlich war es bereits in vorchristlicher Zeit ein religiös genutzter Ort. Votivgaben zeigen, wo die Madonna überall geholfen hat. Unter der Kirche liegt der Sepolcreto degli Eremiti, hier ruhen die sterblichen Überreste der Mönche in Glasvitrinen. Mehrmals täglich Gottesdienst, auch auf Deutsch.

Im Hotel Degli Olivi (▶ S. 81) dreht sich alles, wie der Name schon sagt, um die Olive. Ob Tischdecke oder Sitzkissen oder die Olivenbäume selbst.

www.madonnadellacorona.it | April–
Okt. tgl. 7–19.30 Uhr
19 km nordöstl. von Garda

◎ TORRI DEL BENACO ⚓ C5
3000 Einwohner

Bunte Bötchen im Hafen, enge mittelalterliche Gassen, eine Limonaia –
also ein Zitronengarten, das prägt die
Atmosphäre in dem alten Ort. An der
Burgmauer der Scaligerburg werden
bis heute Zitronen geerntet. Das Kastell
wurde im 9. Jh. erbaut und im Mittelalter von der Familie Scala erweitert.
Heute ist das Volkskundemuseum darin untergebracht.

Bei Torri del Benaco wird der See etwas
breiter, die Landschaft etwas weiter, die
Berge wandeln sich in Hügel. Torri del
Benaco ist überraschend wenig vom
Tourismus erfasst. Ein Tipp: Wer auf
der anderen Seeseite urlaubt, macht
einen Tagesausflug per Schiff in das gepflegte, mittelalterliche Dörfchen. Die
»Skyline« vom See aus gesehen macht
wirklich Eindruck.

Auf den Spuren großer Dichter lässt es
sich hier auch wandeln. Nein, nicht
wieder Goethe – der deutsche Schriftsteller Bodo Kirchhoff hat sich in Torri
ein Refugium geschaffen und bietet im
Sommer Schreibkurse für ambitionier-
te Autoren an (www.bodokirchhoff.de/
sommerkurs.html).
8 km nordwestl. von Garda

SEHENSWERTES

Punta San Vigilio

Es sei der schönste Punkt am Gardasee,
sagt man. Vermutlich hängt es mit den
Erinnerungen zusammen, denn für
viele dürfte es der Platz der Verliebten
sein. Kaum sonst wo lässt es sich so
romantisch in den Sonnenuntergang
blicken. Das kleine Kap ragt zwischen
Torri und Garda in den See hinein.
Zypressen und Zedern spenden Schatten. Eine Renaissancevilla hinter einem
eisernen Tor inspiriert zu romantischen Fantasien, lässt sich aber nicht
besichtigen.

Auf der Nordseite liegt der Parco Baia
delle Sirene. Hier kann man unter alten
Olivenbäumen herrlich Sonnenbaden.
Der Zutritt ist allerdings kostenpflich-
tig, je nach Saison beträgt der Eintritt
5–12 €. Es gibt Duschen, Umkleidekabi-
nen, Sonnenliegen, diverse Ballspielfel-
der und Kioske sowie kostenlose Parkplätze, Tischtennis, Picknickplätze.
www.punta-sanvigilio.it,
www.parcobaiadellesirene.it

Cabrio-Tour 6

Eine Tour über die Gardesana im
Cabrio führt mal über steile Anstie-
ge, mal durch Galerien und Tunnels. Mit der Fähre geht es zurück
zum Ausgangspunkt. Das Gefühl,
eine Filmdiva aus den 1950er-Jah-
ren zu sein, ist inklusive (▶ S. 14).

ÜBERNACHTEN

Hotel del Porto

Stilvoll-modern – Direkt an der Uferpromenade gelegen.
Lungolago Barbarani | www.hoteldel
portotorri.com | 28 Zimmer | €€€

Hotel Gardesana

Schlafen wie die Großen – Max Ernst,
André Gide, Vivien Leigh, Lawrence
Olivier, Maria Callas, Horst Köhler,
Isabel Allende – illustre Gäste hat das

Haus schon beherbergt. Ursprünglich war es als Palazzo dei Capitani direkt am Hafen erbaut worden. Heute gibt es Zimmer im venezianischen Stil.

Piazza Calderini 20 | www.hotel-gardesana.com | 34 Zimmer | €€€€

ESSEN UND TRINKEN

Le Gemme di Artemisia

Mit Kochkurs – Wer tiefer in die italienische Kochkunst einsteigen möchte, findet auch in Torri del Benaco die richtige Adresse. Im Ortsteil Albisano kann man nicht nur speisen, sondern auch kochen. Der Chefkoch des außergewöhnlichen Restaurants gibt Kurse für Anfänger und für Fortgeschrittene. Für 2–6 Personen auf Anfrage, nur vormittags von 9–13 Uhr. Restaurant nur mit Reservierung 24 Stunden im Voraus, da das Restaurant nur über drei Tische verfügt.

Via Corrubio 18 | Tel. 04 52 42 86 22 | www.legemmediartemisia.it

SERVICE

ANKUNFT/ABFAHRT

Navigarda

Infos zur Fähre.
www.navigazionelaghi.it

◎ **VILLA PELLEGRINI CIPOLLA**  D 6

In Castion di Costermano landeinwärts von Garda steht eine beeindruckende Villa, die Pellegrini Cipolla, mit wunderschöner Gartenanlage. Hier lohnt es sich, einen Besuchstermin anzufragen. Sie ist normalerweise nur für Events geöffnet, aber auch der Garten ist einen Besuch wert.

Castion di Costermano | Piazza Vittorio Veneto 21 | www.villapellegrinicipolla.it 5 km östl. von Garda

BARDOLINO C 6

6500 Einwohner
Stadtplan ▶ S. 85

Der gleichnamige Wein macht Bardolino so berühmt, auch wenn eigentlich der Ort dem Weinanbaugebiet seinen Namen gab. Das Städtchen ist ob seiner hübschen Lage und der exzellenten Weinkellereien in der Umgebung populär bei deutschen Urlaubern.

Der Ortskern in der verwinkelten Altstadt lädt zum Shoppen ein. Die meisten Läden finden sich in der Fußgängerzone, die von der Piazza Matteotti zum Corso Umberto führt. Ein Blick in die Kirche Santi Nicolo e Severo rentiert sich. Wer Nachtleben erleben will, ist im quirligen Bardolino richtig. Allerdings sollte man zur Rushhour um Mitternacht vorsichtig sein: La Polizia macht dann gerne Kontrollen! Von Bardolino aus ist es nicht weit zu den Vergnügungsparks Gardaland oder Canevaworld.

Im Terminkalender vormerken sollte man sich die verschiedenen Weinfeste von Bardolino: Den Auftakt macht das »Chiaretto-Fest« im Juni, da gibt es vor allem Spumante zu verkosten. Im Herbst ist dann das »Festa dell'Uva e del Vino« – ein Highlight für Weinliebhaber.

www.bardolinotop.it

SEHENSWERTES

❶ Kunst am Körper

Das Bodypainting-Festival in Bardolino im Juli ist bestimmt das bunteste Schauspiel, das man jemals am Gardasee gesehen hat. Was als kleines Event begann, hat inzwischen einen internationalem Ruf erworben. Künstler der Körperbemalung verwandeln ihre Mo-

© MERIAN-Kartographie

delle innerhalb weniger Stunden in lebendige Kunstwerke.

Im Park der Villa Carrara Bottagisio | www.bardolinotop.it, www.italian bodypaintingfestival.it

La Strada del Vino Bardolino

Nördlich von Bardolino, bei Costermano, beginnt die Weinstraße, die auf ihrem Weg nach Süden bis Peschiera an etwa 50 Winzern vorbeiführt. Fast jede Kellerei bietet ihren Wein zum Verkauf an. Er lässt sich natürlich auch verkosten – nur der Fahrer dürfte Letzteres nicht im Übermaß. Die Grenze liegt wie in Deutschland bei 0,5 Promille, die Strafen sind allerdings etwas härter.

www.stradadelbardolino.com

❷ Villen in Bardolino

Es rentiert sich, an den alten Villen in und rund um Bardolino spazieren zu gehen. Viele sind in Privatbesitz, aber manche lassen sich auf Anfrage dennoch besuchen. In Bardolino, an der

Uferpromenade, gibt es **die Villa Carrara Bottagisio**, sie beherbergt die Stadtbibliothek und hat einen wunderbaren Garten. Daneben liegen die **Villa delle Magnolie** und die **Villa delle Rose**, beide im Privatbesitz, aber auch wer nur am Tor stehen bleibt, dem sind sie eine Augenweide. Mitten in der Altstadt liegt die **Villa Guerrieri Rizzardi**. Sie dient heute als schicke Event-Location und kann auf Anmeldung besichtigt werden.

Strada Campazzi 2 | Tel. 04 57 21 00 28 | www.guerrieri-rizzardi.it

MUSEEN UND GALERIEN

Weinmuseum von Bardolino

▶ S. 85, südöstl. c 1

Es sind ganze Bibliotheken gefüllt mit Wissen über diesen besonderen Wein. Im Weinmuseum Zeni kann man sich über Geschichte, Region und Herstellungsmethoden – sehr nett auch in deutscher Sprache – informieren. Und einkaufen kann man natürlich auch.

Via Costabella 9 | Tel. 04 56 22 83 31 | www.zeni.it | Mo–Sa 8.30–12.30 und 14.30–18.30 Uhr

ÜBERNACHTEN

Agriturismo La Zerla ⚑ D 6

Ländlich gediegen – Etwas im Hinterland von Bardolino, neben dem Weingut Ca'Bottura. Gepflegte Zimmer mit hübschem Blick aufs Land.

Ca'Bottura 3/A | Tel. 04 56 21 12 99 | www.lazerla.it | 5 Zimmer | €

③ Aqualux Hotel Spa Suite & Terme

Neu, schick und viel Wasser – Vier Außenschwimmbecken, mehrere Pools mit Thermal- oder Solewasser, dazu Spa-, Ruhe- und Relaxbereiche.

Sehenswert sind die Suiten mit kreisförmigem Bett und runder Jacuzzi-Badewanne.

Via Europa Unita 24/b | Tel. 04 56 22 99 99 | www.aqualuxhotel.com | 113 Zimmer | €€€€

④ Quattro Stagioni

Nett und frisch renoviert – Gepflegter Familienbetrieb mitten in der Altstadt, ein Pool im Garten lädt zum Relaxen nach dem Shoppen ein. Ruhige Lage in großem Park mit mediterraner Vegetation. Die Zimmer sind mit Klimaanlage, TV und Balkon ausgestattet. Parkplatz.

Borgho Garibaldi 25 | Tel. 04 57 21 00 36 | www.hotel4stagioni.com | 40 Zimmer | €€€

ESSEN UND TRINKEN

RESTAURANTS

⑤ Il Giardino delle Esperidi

Charmant und liebenswert – Es schwärmen alle von den Töchtern der Nacht, den Esperidi. Nicht nur von der Küche und den Weinen (700 verschiedene soll es geben), sondern vor allem von der herzlichen Art, mit der Signora Susy und ihre freundlichen Damen den Gast umsorgen. Das Ristorante befindet sich in einem der ältesten Häuser von Bardolino.

Via Goffredo Mameli 1 | Tel. 04 56 21 04 77 | €€€

⑥ Ristorante Biri

Ein bisschen anders – Das Restaurant liegt abseits der Seepromenade. Es bietet vor allem hervorragende Steinpilz-Gerichte, aber auch Ragouts oder sehr herzhafte traditionelle Fleischgerichte.

Via Solferino 13 | Tel. 04 57 21 08 73

BARS

7 Bottega del Vino

Wer am Gardasee in Bardolino über-
wintert, landet unweigerlich hier. Freilich ist die Weinbar auch im Sommer geöffnet. Gut für ein Glas Wein
als Absacker und für Bruschette.
Piazza Matteoti 46 | Tel. mobil 34 86 04
18 00 | Mo geschl.

EINKAUFEN

Entlang der Straßen des historischen
Zentrums gibt es eine Vielzahl ele-
ganter Boutiquen, Sportgeschäfte und
Feinkostläden. Im Sommer bleiben die
Geschäfte bis 23 Uhr geöffnet.

KINDERBEKLEIDUNG

8 Popcorn

Kinderkleidungsgeschäft mit super-
freundlichen Verkäuferinnen, die auch

für Bambini und Youngster geduldig in
Modefragen beraten.
Vicolo Virgilio 3

LEBENSMITTEL

9 Markt

Jeden Do 8–13 Uhr Lebensmittel und
Bekleidung, vor der Kirche Santi Nico-
lo e Severo und am Lungolago.
An jedem 3. So im Monat findet der
Antiquitätenmarkt statt.

Oleificio Cisano (Olivenöl-Museum)
▶ S. 85, südöstl. c 1

Es ist zwar ein Museum, aber eigentlich vor allem ein guter Shop für Oli-
venöle aller Art und jeder Güte. Der
Museumskatalog erfreut Köche und
Hausfrauen. Zudem gibt es allerlei Kü-
chenutensilien aus Olivenholz und
Kulinarisches wie Salsa, Pasta oder ein-

Natürlich dreht sich in Bardolino alles um den Wein. Im Weinmuseum Zeni (▶ S. 86) kann man
viel über den Bardolino lernen und ihn selbstverständlich auch kaufen.

gelegtes Gemüse aus der Region zu kaufen. Aber natürlich gibt es auch genug über die Geschichte des Olivenöls und seiner Verarbeitung zu erfahren. Familie Turri waren in den 1980er-Jahren die Ersten, die ein solches Museum aufbauten. Bis heute sucht das Familienunternehmen alte Gegenstände und Geräte, die zur Olivenölproduktion dienten.

Cisano di Bardolino | Via Peschiera 54 | Tel. 04 56 22 90 47 | www.museum.it

SCHUHE

⑩ Le Follie

Für Schuh-aholics eine Suchtstation.

Via Manzoni 10 | Tel. 04 56 21 04 42 | tgl. 10–12.30 und 16–22 Uhr

TIERE

⑪ Animalhouse

Hier gibt es alles für Hund und Katz. Der Laden ist so gut sortiert, da lohnt es sich für Haustierfreunde einfach mal vorbeizuschauen. Es gibt nicht nur Futter und Leckerli, sondern auch einen Friseur für die Vierbeiner und man weiß immer einen Rat – z. B., wo es Hundesitter gibt.

Via Marconi 30 | Tel. 04 56 21 02 91 | www.animalhousebardolino.it | Mo–Sa 9–13 und 15.30–19.30 Uhr

KULTUR UND UNTERHALTUNG

CLUBS

Hollywood Dance Club ▶ S. 85, nördl. b 1

Seit gut 30 Jahren eine angesagte Adresse im Nachtleben, vier Bars, zwei Tanzflächen, ein Pool – und das alles mit Seeblick.

Via Montavoletta 11 | Tel. 04 57 21 05 80 | www.hollywood.it | Fr– So von 21.30 bis 5 Uhr

⑫ Primo Life Club

Tolle Terrasse auf dem Dach, hier steppt der Bär ab Mitternacht. Restaurant und Pianobar mit Livemusik.

Via Marconi 14 | www.primolifeclub. com | Fr– So 21–4 Uhr

SERVICE

AUSKUNFT

Touristinfo

Piazzale Aldo Moro | Tel. 04 57 21 00 78 | www.visitgarda.com

Ziele in der Umgebung

◎ GARDALAND C 8

Eher gibt es ein italienisches Kind, das noch nie Spaghetti gegessen hat, als dass es nicht unbedingt in Gardaland sein musste! Gardaland, der Vergnügungspark, ist ein Muss. Er bietet über 40 Attraktionen zwischen Fantasy und Abenteuer. Großartig für Kids und Eltern. Allerdings sollten Letztere Nerven wie Drahtseile und Geduld ohne Ende mitbringen, sowohl bei der Anreise im Stau als auch beim Anstellen im Park. Aber was tut man nicht alles für die lieben Kleinen …

Castelnuovo del Garda | Tel. 04 56 44 97 77 | www.gardaland.it 12 km südl. von Bardolino

◎ LAZISE C 7

6800 Einwohner

Es ist einer der ältesten Orte am Gardasee. Eine Burgmauer aus dem Mittelalter umschließt noch immer die Altstadt. Angeblich hat sich seit dem 14. Jh. baulich nicht viel im Kern der Stadt getan. Lazise war einmal der bedeutendste Handelsort am See, diente vor allem als Bastion von Venedigs Herrschern gegen die Mailänder. Am

Die Abendstimmung an der Seepromenade in Lazise (▶ S. 88) lädt Besucher und Einheimische zum gemütlichen Flanieren, Eisessen, Kaffeetrinken ein.

besten lässt man das Auto außerhalb auf einem der großen Parkplätze stehen und bummelt durch die schmalen Gassen. In der Hauptsaison wird es eng – manchem mag es als touristischer Tsunami vorkommen. In der Vor- und Nachsaison lässt sich der Charme des Örtchens deutlich besser erkennen. Die Scaligerburg von Lazise kann man nicht besichtigen, sie ist in Privatbesitz. Das anschließende Löwentor kündet noch von der Macht der alten Handelsstadt. Die kleine Kirche San Nicolo aus dem 12. Jh. beherbergt wertvolle Fresken.

Es gibt eine Vielzahl an Übernachtungsmöglichkeiten, an Restaurants und Bars. In Lazise sind auch die meisten Campingplätze, die teils wie eigene Städte funktionieren. Auskunft gibt das Touristoffice.

5 km südl. von Bardolino

SEHENSWERTES

Canevaworld Resort

Zwei Themenparks in einem: Aquaparadise und Movieland, ein Entertainmentpark mit Attraktionen und Shows aus Filmen und Cartoons, südlich von Lazise an der Gardesana.

Im pittoresken kleinen Mühlendorf Borghetto di Valeggio sul Mincio (▶ S. 92) lebt man meist beschaulich am, im und über dem Fluss Mincio.

Via Fossalta 1 | Tel. 04 56 96 99 00 | www.canevaworld.it | unregelmäßige Öffnungszeiten Mitte April–Anfang Nov.

Parco Termale del Garda

Das Thermalwasser sprudelt mit 37 Grad aus der Tiefe in mehrere Thermalseen. Dies bietet ein besonderes Wohlgefühl für den Körper, da kein Temperaturunterschied zwischen ihm und dem Wasser entsteht. Wellness und Erholung sind im Thermalpark garantiert. Es genügt vielleicht der Relax-Effekt, man kann sich aber auch mit Medical Fitness wieder auf Vordermann bringen lassen, wenn die eigenen Akkus leer sind. Zentrum des Thermalparks ist die Villa di Cedri, es gibt außerdem mehrere Residenzen. Von 9–10 Uhr ist der Zutritt nur zur therapeutischen Bade-Anwendung mit Attest gestattet. Ab 10 Uhr haben alle Besucher Zutritt.

Colà di Lazise | Piazza di Sopra 4 | Tel. 04 57 59 09 88 | www.villadei cedri.it | Mo–Do 9–21, Fr, So, Feiertage 9–23, Sa 9–2 Uhr | Eintritt 24 €, Kinder 15 €

ÜBERNACHTEN

Hotel Principe di Lazise

Wellness & SPA Hotel – Auch für Nicht-Hotelgäste als Day-Spa zu empfehlen. Eine Oase mit schlichtem Luxus auf mehr als 2000 qm. Der Zutritt für Kinder unter 12 Jahren ist im Spa nicht gestattet.

Loc. Le Greghe | Tel. 04 56 49 01 77 | www.hotelprincipedilazise.com

ESSEN UND TRINKEN

Trattoria dal Pansa ▶ S. 31

◎ PESCHIERA DEL GARDA   C 8

10 000 Einwohner

Der südlichste Ort am Ostufer oder der östlichste des Südufers ist eine alte Festungsstadt. Peschiera liegt direkt am Abfluss des Gardasees, dem Mincio. Früher war der Mincio schiffbar, heute lädt der kleine Fluss vor allem zu hübschen Wanderungen und Radtouren ein. Er bildet die natürliche Grenze zwischen Venetien und der Lombardei. Peschiera ist seit der Antike eine wichtige Hafenstadt, erst für die Römer, später für Karl den Großen und Kaiser Barbarossa und schließlich für die Feldherren der habsburgischen K.-u.-k.-Monarchie. Heute ist es ein Verkehrsknotenpunkt, sowohl für Autoreisende als auch für Bahnfahrer. Manche Orte an der Gardesana orientale sind besser über die längere Autobahnstrecke bis Peschiera zu erreichen. Am Wochenende sind allerdings einige Stau-Zeiten einzurechnen, die Uferstraße führt mitten durch die Stadt. Peschiera ist Haltepunkt auf der Bahnstrecke Mailand–Venedig. Man kann von hier bequem mit dem Zug nach Verona und Venedig (ca. 2 Std. Fahrt) oder Mailand (ca. 1,5 Std. Fahrt) reisen. In der Altstadt gibt es ein paar hübsche Palazzi, der Canale di Mezzo bietet eine venezianische Atmosphäre, sonst bestimmen vor allem die alten Militäranlagen das Stadtbild. Diese werden zum Teil noch von der italienischen Armee genutzt. Sehenswürdigkeiten gibt es wenige, Peschiera ist kein ausgesprochener Urlaubsort. Neben dem Dom San Martino wurden die Reste einer römischen Siedlung freigelegt.

14 km südl. von Bardolino

SEHENSWERTES

Santuario Madonna del Frassino

Etwa 3 km außerhalb von Peschiera liegt dieser kleine, aber wichtige Wallfahrtsort. Viele Votivgaben zeugen von der Wunderwirkung des Ortes. Die prunkvolle Kirche zu Ehren der Muttergottes wurde um 1510 begonnen und 1910 vollendet. Die Madonna soll hier einem Bauern als lichtvolle Figur erschienen sein. Ein Franziskanerkloster kümmert sich um den heiligen Ort.

Santuario Madonna del Frassino | Tel. 04 57 55 05 00 | www.santuariodel frassino.it | tgl. 8–19.30 Uhr

ESSEN UND TRINKEN

Antica Locanda del Contrabbandiere ▸ S. 30

EINKAUFEN

Shoppingland La Grande Mela ▸ S. 44

◎ VALEGGIO SUL MINCIO   ★ 4

süddl. C 8

14 500 Einwohner

Es ist ein bezauberndes Örtchen. Wie überall, wo die Familie Scala in der Region herrschte, gibt es auch hier wieder eine Scalierburg aus dem 10. Jh. zu besichtigen. Unweit des Zentrums befinden sich der herrliche Gartenpark Sigurtà und der Wasserpark Cavour, der für Spaß und Erholung sorgt. Das ist ein Ziel, wo sich auch Kinder außerordentlich wohlfühlen.

Wer es irgendwie einrichten kann, sollte am Samstag zum Markt fahren. Er ist schon deutlich »italienischer«, als er in den nördlicheren Orten ist. Neben Lebensmitteln werden hier auch günstig Kleidung und Schuhe angeboten.

Das nur als einen riesigen Flohmarkt zu bezeichnen, was Anfang Mai in Valeggio sul Mincio veranstaltet wird, ist eigentlich frech. Es ist ein Event für Fashion-Victims und Schatzsucher. Mode, Designerklamotten, Vintage und Nostalgie – alles ist zu haben in der Altstadt des hübschen Ortes. www.valeggiovesteilvintage.com

SEHENSWERTES

Borghetto

Von Valeggio lässt es sich in einer halben Stunde in die kleine Dorffestung Borghetto spazieren. Direkt am Fluss, dem Mincio, finden sich zwischen den historischen Mühlen hübsche Cafés, kleine Lokale und altertümliche Handwerksläden. Der Ort ist zum Großteil verschont von touristischer Fülle. Nur einmal im Jahr drängt es sich dicht an dicht. Zur »Festa del Nodo d'amore«, dem Liebesknoten, wie die Tortellini hier genannt werden, verwandelt sich die 600 m lange Visconti-Brücke im Juni in eine gigantische Speisetafel. Bis zu 4000 Menschen speisen Tortellini in Hülle und Fülle und mit allen Füllungen. Borghetto di Valeggio sul Mincio | www. borghetto.it

---

»node d'amore«

Tortellini werden im Süden des Sees »node d'amore«, Liebesknoten, genannt. Ihr Teig ist hauchdünn ausgerollt. Ob man sie »in brodo«, also in Suppe, oder mit Salbeibutter isst, ist Geschmackssache. Dazu ein Glas Wein und das Leben ist schön (▶ S. 14).

Gartenpark Sigurtà

Im Laufe des Jahres lassen sich die großen Blütezeiten von Tulpen, Iris, Rosen, Seerosen und Astern bewundern. Eine große Eiche, eine Sonnenuhr, eine Einsiedelei, 18 Seen mit Tropenfischen, Wasser- und Heilkräutergärten … alles umwerfend schön und ein Paradies für Gartenfreunde. Via Cavour 1 | Tel. 04 56 37 10 33 | www. sigurta.it | 8. März–2. Nov. tgl. 9–18, März, Okt., Nov. bis 17 Uhr, der Park schließt jeweils eine Stunde nach Einlassschluss

ESSEN UND TRINKEN

Alla Borsa

Traditionell gut – Das Restaurant befindet sich im Dorfzentrum und war früher der Ort, an dem sich Kaufleute trafen, um Verträge abzuschließen. Viel Business-Publikum gibt es zur Mittagszeit immer noch, es ist keine Touristenkneipe. Das Essen schmeckt hervorragend – die gefüllten Tortellini sind ein »Hauch« und es gibt sie in großer Vielfalt. Via Goito 2 | Tel. 04 57 95 00 93 | www. ristoranteborsa.it | €€

EINKAUFEN

LEBENSMITTEL

Markt

Jeden Sa ist Markt in Valeggio sul Mincio.

Frische Nudeln von Remelli

Die Geschwister Remelli haben einen außergewöhnlichen Lebensmittelladen aufgebaut, ganz in der Nähe der Kirche. Es gibt alle Köstlichkeiten aus der Region. Doch während sich unten im Laden die Kundschaft tummelt,

In präziser, feiner Handarbeit entstehen Tortellini mit den unterschiedlichsten Füllungen. Erst wenn der Teig hauchdünn ist, kann er verwendet werden.

wird im ersten Stock die Pasta von Hand zubereitet. Etwa zwanzig Pasta-Zubereiterinnen machen hauchdünnen, feinen Teig und verwandeln ihn in mit Honigkürbis gefüllte Tortellini oder andere Pasta. Manche Nudeln werden klassisch mit Fleisch gefüllt, andere mit Lachs, mit Käse und Spinat … Am Wochenende holen Italienerinnen schachtelweise die Pasta – man muss sie nur noch warm machen.

Via A. Sala 24 | Tel. 04 57 95 16 30 | www.pastificioremelli.it | 8–12.30 und 14–19.30 Uhr | So und Mo Nachmittag geschl.

OUTLETCENTER
Outlet MF 1

Un Mondo di Moda – in eine eigene Modewelt tritt man hier ein. Ob Designer oder nachhaltige Öko-Labels, Kunst oder Kulturevents, hier dreht sich alles um das schicke und schöne Dasein. Dennoch hat man den Anspruch, hochwertige Ware anzubieten. Zielgruppe sind Käufer, die auf die ökologische Balance achten.

MF1 SPACE VERONA | Via dell'Artigianato 74 | Tel. 04 57 95 29 11 | www.mfuno.it | Mo–Sa 10–18 Uhr, Dez. auch So

Im Fokus
Literatur und Literaten

Bekannte Dichter und Künstler machten den Gardasee zu ihrem Lieblingssee. Man möchte fast behaupten: Sie waren alle da. Aber Gaius Valerius Catullus, genannt Catull, machte die beste Werbung. Carl Orff hat seine Gesänge später als »Catulli Carmina« vertont.

Catull war ein römischer Dichter des 1. Jh. v. Chr. und stammte aus Verona. Er war wohl vor allem Sohn eines reichen Vaters. Sehr viel ist über den Dichter, der Sirmione schon vor 2000 Jahren berühmt machte, nicht bekannt. Aber den Beginn seines Gedichts über Sirmione sollte man einmal gelesen haben, auch wenn es wohl nicht mehr dem Wording unserer Zeit entspricht. Es ist doch schön, wie Catull sich freut, sein Feriendorf wieder zu sehen:

Oh mein Sirmione, Kleinod unter den Inseln,
gebettet durch Neptun in die klaren Wasser
des Sees, aber auch in die Weite des Meeres,
mit welcher Freude und welchem Wohlbehagen
erblicke ich Dich wieder. (31. Gesang)

Der berühmte römische Dichter Vergil stammte aus Mantua, da fließt der Fluss Mincio hindurch, der ja immerhin seinen Start im Gardasee nimmt.

◀ Goethe-Denkmal bei der Scaligerburg
(▶ MERIAN TopTen, S. 72) von Malcésine.

Vergil beschreibt den »Gardasee als Meer, aufbrausend mit tosenden Fluten« (2. Buch, Georgica). Die Dichtung über das schlechte Wetter vor zweitausend Jahren wäre nicht weiter wichtig, hätte sich später nicht ausgerechnet der deutsche Geheimrat Johann Wolfgang von Goethe damit beschäftigt. Da Herr von Goethe zum Start seiner Reise nicht gerade gut drauf war nach dem ganzen Ärger in Weimar, bezog er sich gerne auf die Dichter der Antike. Damit machte er sich sozusagen selbst wichtig, denn wenn er da war, wo die ganz großen Lateiner mal waren, dann war er doch wer!?! Dass er später selbst ein Klassiker wurde, wusste er ja noch nicht. Das mussten erst die Schulkinder späterer Generationen lernen.

EIN RITT DURCH DIE LITERATURGESCHICHTE

Die »Italienische Reise« von Goethe ist ein Meilenstein in der deutschen Literaturgeschichte. 1786 ist er gestartet und seine Begeisterung auf seiner Italienreise findet überall Ausdruck. Sehr vermutlich liegt es schon auch an diesem Bestseller des ausgehenden 18. Jh., dass sich deutsche Reisende bis heute nach Italien wünschen.

Es sind nur wenige Seiten, die Goethe über den Gardasee schreibt. Sie berichten von Genuss und Entbehrung. Am 12. September nächtigt er in Torbole, dann geht's per Segelschiff nach Malcésine und Bardolino. Die Menschen leben offenbar in einer Art Schlaraffenland, denn es gibt Früchte in Hülle und Fülle, die Goethe zu Hause in Weimar nie bekam und ausführlich bespricht: Zitronen, Feigen, Oliven. Allerding leben die Menschen mit Fenstern aus Ölpapier statt Glasscheiben und haben keine Türschlösser. Auch damals gab es schon das Problem mit den Toiletten. Der Dichter solle sich einfach im Hof erleichtern, wo er gerade wolle, riet ihm der Wirt. Nach seiner Rückkehr nach Weimar schreibt er den Roman »Wilhelm Meisters Lehrjahre« und dichtet sich sehnsuchtsvoll nach Italien zurück:

Kennst Du das Land, wo die Zitronen blühn?
Im dunkeln Laub die Goldorangen glühn,
Ein sanfter Wind vom blauen Himmel weht,
Die Myrte still und hoch der Lorbeer steht?
Kennst du es wohl? Dahin!
Dahin möcht' ich mit dir,
O mein Geliebter, ziehn.

Alle deutschen Dichter, die später leben und auch an den Gardasee reisen, zitieren diese Gedichtzeilen, während sie in Limone durch die Limonaie schlendern oder zumindest irgendwo am Gardasee ein paar Zitronen sehen … als da wären Heinrich Heine, Heinrich Laube, Adalbert Stifter, Rainer Maria Rilke, Franz Kafka, Thomas und Heinrich Mann und viele andere mehr.

KUNST TRIFFT KUR

Nach dem Friedensvertrag von 1866, durch den die Region Venetien an Italien fällt, wird die Nordseite des Gardasees zum »Strand« des österreichischen Kaiserreichs. Es kommen eine Menge Dichter, Denker und Künstler, die sich im sonnenverwöhnten Gardaseeklima von allerlei Lungenkrankheiten erholen. Heinrich Mann lebte fast zweieinhalb Jahre hier. Er wohnte häufig in Pensionen und begab sich ins Sanatorium nur für die Kurbehandlungen, um so den persönlichen Kontakt mit der Kunst und Kultur Italiens pflegen zu können. Während seines ersten Aufenthalts in Riva schrieb Heinrich Mann im Jahr 1902 einige wichtige Erzählungen, die an den Ufern des Gardasees spielen.

In Riva del Garda findet übrigens selbst Franz Kafka die Liebe. Während eines Bootsausflugs verliebte er sich in eine junge Schweizerin. 1909 war das. Eine der wenigen glücklichen Zeiten in Kafkas Leben.

DER GARDASEE, EIN LIEBESTRAUM

Auch Rainer Maria Rilke verliebt sich unsterblich, als er seine Mutter in Arco besuchte. 1897 kurte Frau Mama hier und der Herr Sohn wurde Lou Andreas-Salomé vorgestellt. Geschehen war's um ihn, obwohl sie 15 Jahre älter war als er. Lou Andreas-Salome gilt als die Femme fatale der Zeit, die Männer liegen ihr zu Füßen. Sie hat studiert, sie arbeitet als Psychoanalytikerin, sie ist intelligent und vor allem unabhängig, finanziell und im Geist – eben eine gefährliche Frau.

Rilke kam 1898 und 1899 auch wieder nach Arco. Heute führt ein Dichterweg auf den Spuren von Rainer Maria Rilke durch Arco. Wer Genaueres über das Leben der Dichter am Gardasee nachlesen möchte, dem sei das Buch von Dirk Heißerer empfohlen: »Meeresbrausen, Sonnenglanz: Poeten am Gardasee«.

Anfang des 20. Jh. machen sich aber auch die Engländer mit ihren Literaten um den Gardasee verdient. Das Reisebuch »Italienische Dämmerung« von D. H. Lawrence ist auch heute noch eine schöne Lektüre für Menschen, die gerne Reisebeschreibungen als Vorlage für die eigene

Route nutzen. Freilich ist es heute eher eine Zeitreise, denn in den letzten hundert Jahren hat sich schon so einiges am See verändert. Doch genau das ist das Spannende. Wer das nicht braucht, dem seien die Romane von D. H. Lawrence »Lady Chatterley«, »Söhne und Liebhaber« und »Liebende Frauen« ans Herz gelegt.

KREATIVES SCHREIBEN AM SEE

Ein anerkannter Autor unserer Tage ist Bodo Kirchhoff. Seine Bücher spielen fast alle am Gardasee. »Auf Leben und Tod. Minuten im Strudel des Bösen« ist ein Schicksalsdrama auf dem Gardasee. »Parlando« und »Der Prinzipal« sind ebenfalls am See angesiedelt, genau wie Bodo Kirchhoffs letzter Roman »Die Liebe in groben Zügen«. Auch wenn gerade das letztere Buch von der Kritik nicht ganz so gehypt wurde, ist es doch ein intensives und sehr lesenswertes Buch. Es geht um das ewige Thema: Was ist Liebe und was die unstillbare Sehnsucht nach Liebe? Ein Paar, Vila und Renz, das am Gardasee wohnt, steht voll im Leben, nach außen erfolgreich und nach innen eben ein Paar. Bis zu dem Augenblick, in dem Vila mit ungeahnter Intensität einen anderen zu lieben beginnt. Bodo Kirchhoff erzählt in seinem großen Lebensroman von einer langen Ehe als ewiger Glückssuche.

Noch ein paar Tipps zu leichterer oder spannenderer Kost:

Roswitha Wildgans: Vino Rosso

Rosi Holzwurm, Putzfrau in Limone sul Garda, findet bei ihrem Kunden Otto Simon eine Bratsche von einem Instrumentenbauer namens Gasparo da Salò. Simon bittet Rosi in einem beiliegenden Brief, sie möge das Instrument einer alten Dame zurückbringen, doch die alte Dame liegt nach einem brutalen Überfall im Krankenhaus. Wenig später wird Simon tot aus dem Gardasee gefischt. Manche gehen für eine Bratsche aus Salò über Leichen. In diesem humorvollen Gardasee-Krimi ermittelt die resolute Putzfrau bis zum überraschenden Ende.

Barbara von Becker: Schatten am See

Kunsthistorikerin Clara Mahler findet sich am Gardasee inmitten einer turbulenten Spurensuche wieder. Es geht um ein geheimnisvolles Gemälde, dessen Geschichte in die letzten Tage des Zweiten Weltkriegs, der »Republik von Salò«, zurückreicht.

Roberta Rossi: Der Espresso-Mörder vom Gardasee.

Es handelt sich um einen Compact-Lernkrimi als Hörbuch mit Übungen und Glossar. Kommissarin Nicoletti und ihr alter Verehrer sind am Gardasee Zeugen eines Mordes. Und natürlich gibt es eine unglaubliche Entdeckung …

DER SÜDEN –
VON SIRMIONE BIS SALÒ

*Historische Orte, Weinanbaugebiete und die größte Insel
des Gardasees repräsentieren den Süden. Eines ist allen gemeinsam:
Hier endlich fühlt es sich so richtig italienisch an.
Mit Genuss für alle Sinne.*

Sirmione ist die Königin des Gardasees, sie überstrahlt das Südufer mit ihrer Schönheit. Desenzano könnte als ihr Ritter bezeichnet werden. Quirlig, lebendig und energiegeladen geht es hier zu. Dazwischen laden viele kleinere und größere Orte mit reichlich Vergangenheit zu großem Genuss ein. Die Historie ist in Solferino lebendig, das durch die Schlacht von Solferino in die Geschichte einging und zum Geburtsort des Roten Kreuzes wurde. Südlich der Uferstädte erstreckt sich das Lugana-Weinanbaugebiet. Die Römer nannten das Gebiet, das von Buchen und Sommereichen geprägt war, Lucanus. Eine Genusstour von Sirmione durch das Lugana-Weinbaugebiet auf der Strada dei Vini kann man sich auf der Webseite herunterladen. Es gibt unterschiedliche Strecken, für Auto- und

◀ Beste Aussichten über den See vom
Scaligerkastell (▶ S. 100) in Sirmione.

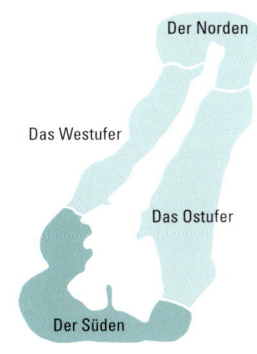

Der Norden

Das Westufer

Das Ostufer

Der Süden

für Radtouren. Die Radwege führen zumeist über ruhige Landwege,
durch Weinberge und Olivenhaine
und sind nicht allzu anstrengend.
Die Tour Sirmione–Lugana ist
etwa 32 km lang, und ein durch-
schnittlicher Radfahrer braucht
gute 2,5 Stunden. Die Stopps in
den Cantinas natürlich nicht ein-
gerechnet, die darf jeder nach Ge-
nuss und Laune genießen (www.stradadeivini.it).

EINE INSEL MIT PALAZZO

Doch nicht nur an Land ist die Gegend interessant: Die Isola del Garda ist
die größte Insel im Gardasee, sie beherbergte ursprünglich einmal ein
Kloster. Der Legende nach soll sogar der hl. Franz von Assisi zu Besuch
gewesen sein. Später verfiel das Kloster zu Ruinen. Selbige und die Insel
dazu kaufte im 18. Jh. die Familie Borghese. Anfang des 20. Jh. (1890 bis
1903) ließen die Grafen von Borghese-Cavazzo den beeindruckenden
Palazzo im venezianischen Stil erbauen. Eine prächtige Parkanlage und
romantische Gärten umgeben das Gebäude.

SIRMIONE ⭐ ◤ B 7

7800 Einwohner
Stadtplan ▶ S. 101

»Oh Sirmione, du Perlchen des Neptun, du Augenstern, wie herzlich froh
besuch ich Dich« – so schwärmte
schon der römische Dichter Catull.
Er lebte im 1. Jh. v. Chr. und stammte
vermutlich aus einer reichen Familie
aus Verona. Eine Büste auf der Piazza
Carducci erinnert an den Lyriker. Über
die Jahrhunderte wurde das Städtchen von den Dichtern als eines der
schönsten am Gardasee gepriesen. Da-

von wollen sich im Sommer sehr viele
Reisende selbst überzeugen. Zehntau-
sende besuchen pro Tag den hübschen
Ort auf der lang gestreckten Halbinsel
und schieben sich durch die Gassen.
Aber: Sirmione ist auch verdammt
schön!
Sirmione ist eines der wichtigsten Ziele
der öffentlichen Schifffahrt. Es ist sehr
bequem, mit dem Schiff anzureisen
und das Auto stehen zu lassen, wo immer man auch am Gardasee nächtigt.
So entgeht man dem Wahnsinnsver-
kehr zumindest etwas.

SEHENSWERTES

1 Grotten des Catull

Es gibt drei Hügel – auf dem einen thront die Burg, auf dem anderen die Kirche San Pietro in Mavino, inmitten von Olivenbäumen und Zypressen. Und auf dem dritten Hügel erwarten einen die »Grotten des Catull« – eine der bedeutendsten archäologischen Fundstellen Oberitaliens. Allerdings ist auch hier wieder der Name gelungenes Marketing: Es sind weder Grotten noch lebte Catull je hier, denn der starb wohl bereits um 54 v. Chr., aber die Villa wurde erst um 150 n. Chr. gebaut. Nach den Ausgrabungen nimmt man an, dass dies eine Prachtvilla oder ein antikes Thermalbad war. Interessant anzusehen, aber nichts für heiße Tage.
Piazzale Orti Manara 4 | März–Okt Di–Sa 8.30–19.30, So 9.30–19.30, Mo geschl., Okt– März Di–Sa 8.30–17, So 9.30–14 Uhr | Eintritt 4 €

2 Rocca Scaligera (Scaligerkastell)

Die Halbinsel, die sich wie eine lange schmale Zunge in den Gardasee schiebt, wird von einer Scaligerburg und einer Festungsmauer geschützt. Über eine Zugbrücke gelangt man bis heute in die Altstadt. Vom Turm aus hat man einen wunderbaren Blick über die ganze Anlage und auf den See.
Piazza Castello 4 | www.scaligeri.com | Okt.–März Di–So 9 –16, April–Sept. tgl. 9 –19 Uhr | Eintritt 4 €, erm. 2 €, Kinder bis 18 frei

Thermen

Das Wasser von Sirmione ist reich an Schwefel, Jod und Brom. Bereits die Römer kannten und nutzten die heilende Wirkung des warmen Wassers, das auf dem Grund des Gardasees entspringt. 1889 wurden Rohre verlegt, die das warme Wasser zum Festland bringen. Das Thermalbad Terme di Catullo konnte errichtet werden, später folgte die Terme di Virgilio. Den Thermen sind drei Wellnesshotels angeschlossen. Heute empfiehlt sich vor allem das Wellnesscenter Aquaria für einen Tagesbesuch. Es bietet mehrere Pools mit Thermalwasser direkt am See. Außerdem Fitness, Sauna und Beauty-Einrichtungen.
Piazza Don A. Piatti 1 | www.terme disirmione.com | meist 10–22 Uhr

ÜBERNACHTEN

3 Grand Hotel Terme

Luxus mit Aussicht – Scaligerburg und See immer im Blick. Dazu bietet das Fünf-Sterne-Hotel alles, was auf Italienisch »Benessere« – »Wohlfühlen« verspricht.
Viale G. Marconi 7 | Tel. 03 09 90 49 22 | www.termedisirmione.com | 58 Zimmer | €€€€€

4 Hotel Olivi

Abseits vom Trubel – Ruhig, elegant, viel Modernes mit etwas plüschigem Touch. Pool im Garten unter alten Olivenbäumen. Interessante virtuelle Hotelführung auf der Webseite.
Via Pietro 5 | Tel. 03 09 90 53 65 | www. hotelolivi.com | 50 Zimmer | €€€

Villa Pioppi
▶ S. 101, südl. c 3

Vergangene Pracht – Unkompliziert und lässig. Die Jugendstilvilla hat schon mal bessere Zeiten gesehen. Das Anwesen liegt direkt am See in einem riesigen Garten. Die wenigen, schlichten Zimmer sind total charmant.

Sirmione

(Stadtplan / Karte von Sirmione)

Lido

Grotten des Catull
Antiquarium
Boiola-Quellen
Pza. Orti Manara

Via Catullo

Viale A. German.

Lago

di

Garda

Lago di

Garda

San Pietro in Mavino

Via Catullo

Via S. Pietro

Via S. Salvatore

Via S. Maria Maggiore

Via Antiche Mura

Santa Maria Maggiore

Castello Scaligero, Museo Archeologico Subacqueo

Via Vittorio Emanuele

Via Staffalo

Pza. Porto Valentini

Via Flaminia

Pza. Romagnoli

Pza. Carducci

Pza. Castello

Via Dante

Via Catullo

Via Marconi

Centro Termale

Rocca Scaligera (Scaligerkastell)

Colombare

© MERIAN-Kartographie

Via XXV Aprile 76 | Tel. 03 09 90 41 19 | www.villapioppihotel.com | 7 Zimmer | €€€

ESSEN UND TRINKEN

RESTAURANTS

5 Al Pescatore

Traditionell und gut – Im Herzen der Altstadt von Sirmione. Ehrliche Küche, typisches Ambiente.

Via Piana 20/22 | Tel. 0 30 91 62 16 | www.ristorantealpescatore.com | €€

Art Sugo B 8

Ausgefallen anders – Albert und Mauro haben dieses stylishe Restaurant aus Liebe zur Kunst und zur Kü-

chenkunst gerade erst eröffnet. Im Gegensatz zu vielen anderen Restaurants gibt es hier auch Pizza. Noch ist es ein Geheimtipp für Leute, die gut essen und schönes, junges Ambiente und freundlichen Service zu schätzen wissen – allein schon die Menüs klingen anders, z. B. »Pop-Art di tonno scottato«!

Colombare di Sirmione | Via Solitro 1 (an der Kreuzung zur via Verona 3) | Tel. 03 09 90 52 59 | www.artsugo.com | 12–14.30 und 19–23 Uhr | €€

Tancredi ▶ S. 101, südl. c 3

Tolles Highlight – Auf dieser Dachterrasse muss man einfach einmal einen Drink genommen haben. Kreative Küche im Restaurant und sensationelle Desserts gibt es auch. Hervorragende Weinkarte. Reservierung empfohlen, das Restaurant wird auch gerne für Hochzeiten gebucht.

Via XXV Aprile 75 | Tel. 03 09 90 43 91 | www.tancredi-sirmione.com | €€€

EINKAUFEN

In den kleinen Gassen der Altstadt gibt es vieles bis alles. Manche Häuser sind mit Bougainvillea eingerankt, sodass es schwer fällt zu entscheiden, den Schmuck im Fenster oder den Schmuck am Haus anzuschauen. Selbst die Gelaterie haben ihr Eis nicht einfach in Boxen, sondern wunderschön arrangiert als Herzchen am Stiel. Für den Abendbummel ist die Via Vittorio Emanuele der beliebteste Treffpunkt.

ACCESSOIRES

6 Donum

Hübsches und Nützliches. Hier gibt es Vasen aus Muranoglas, Schmuck und Ketten aus Muranoglas, Handytaschen oder Tablet-Hüllen. Einfach schön anzuschauen.

Via Casello, 2 | Tel. 0 30 91 65 89

KLEIDUNG

7 Emy For Men

Stil und stylish – eine Männer-Boutique, die man(n) einfach gesehen haben sollte.

Via Romagnoli, 5 | Tel. 0 30 91 65 23 | www.emyformen.com

8 Outlet

Hier gibt es edle italienische Designerkleidung stark reduziert.

Via Vittorio Emanuele 74

Sehr einladend ist die Gegend um den kleinen Hafen von Desenzano del Garda (▶ S. 103) mit seinen bunten, hübschen Häusern und den vielen Cafés.

LEBENSMITTEL

Markt  B 8

In der Altstadt gibt es keinen Wochenmarkt, dafür in den Ortsteilen Colombare am Mittwoch und Lugana di Sirmione am Montag.

SERVICE

AKTIVITÄTEN

⑨ Baden am See

An der äußersten Spitze der Halbinsel von Sirmione gibt es ein eigenartiges Naturphänomen. Die Landzunge geht dort in flache Kalkplatten über. Der Gardasee ist aus Gletschern entstanden, sie rieben den Untergrund ab, allerdings blieb die Halbinsel stehen. Wegen der geringen Tiefe zeigt sich das Wasser, das die Kalkplatten überspült, je nach Sonnenstand in sattem Türkis, während der Rest des Wassers dunkelblau ist. Zum Baden findet man hier wunderschöne Stellen.

Der Lido delle Bionde ist ein hübscher Kieselstrand am nordöstlichen Ende der Halbinsel Sirmiones. Ein langer Holzsteg dient als Liegewiese und Laufsteg.

Unterhalb der Scaligerburg gibt es einen weiteren freien Strand.

Wer Termen bevorzugt: Termen Virgilio und Catullo (▶ S. 103).

Strandausflug 8

Zum Sonnenuntergang sollte man bis zur Spitze der Halbinsel wandern. Die Füße finden Kühlung im Türkis des Wassers, das die Kalkplatten des Inselgrunds überspült. Eine kühle Flasche Wein im Gepäck kann nicht schaden (▶ S. 14).

APP

Praktisch: iTown App – kostenlos für Smartphones und Tablets, bietet der mehrsprachige Führer alle Infos zu Sirmione. Download unter www.itownapp.it

AUSKUNFT

Hotels

Associazone Albergatori | Viale Marconi 2 | Tel. 0 30 91 93 22 | www.visitsirmione.com, www.sirmionehotel.com, www.gardariviera.com, www.gardalombardia.com

Schiffsverkehr

Wer in den Thermen kurt, kann auch Abo-Fahrkarten fürs Schiff erstehen. Und wer sich in der Therme Aquaria entspannt, erhält Sonderpreise.

Tel. 03 09 14 95 11 | Gratisnummer 8 00 55 18 01 | www.navigazionelaghi.it

THERMALANLAGEN

– Terme Virgilio | Colombare di Sirmione | Piazza Virgilio 2 | ganzjährig geöffnet

– Terme Catullo | Sirmione | Piazza Don A. Piatti 1 | März–Okt.

DESENZANO DEL GARDA ⚑ A 8

28 000 Einwohner

Es ist die größte Stadt am Gardasee, dynamisch und geschäftig. Desenzano ist kein Touristenort, sondern vor allem eine pulsierende italienische Stadt. Es ist seit Jahrtausenden eine Handelsstadt. Dezensà, sagen die Menschen zur ihrer Stadt im Dialekt – es klingt viel weicher und lebendiger, eben so, wie die Stadt ist. Man sollte sich nicht abhalten lassen, hier einen

Stopp einzulegen. Die Außenbezirke sind leider hässlich, aber die Altstadt sehr schön. Mittelpunkt des Lebens ist der lebhafte Hafen, einmal der alte, einmal der neue. Von diesem laufen Linienschiffe in die anderen Gardasee-Orte aus, der alte – malerische – wurde das Wahrzeichen der Stadt. In der Altstadt stehen wunderschön restaurierte Handelshäuser, es gibt viele hübsche Geschäfte, eine elegante Flaniermeile. Den Sonnenuntergang sollte man zumindest einmal auf der quirligen Hafenmole erleben.

In der Umgebung gibt es übrigens viele Locations fürs Nightlife. Die Nachtschwärmer treffen sich zuerst in den Gassen der Fußgängerzone zum Flanieren und Sehen und Gesehenwerden, dann schwärmen sie aus ins Umland zu den riesigen Diskotheken.

SEHENSWERTES

Castello di Desenzano

Bezaubernder Blick über das sonst so flache Land im Süden gibt es von der Burg aus.
Tel. 03 09 99 41 61 | www.comune. desenzano.brescia.it | Di–So, 9.30–12 und 15–18 Uhr, Führungen alle 30 Min.

Palazzi und Dom

Am alten Hafen steht der Palazzo Todeschini, er fällt auf, mit seinem breiten Arkadenvorbau. Heute ist er das Kongresszentrum von Desenzano, früher war er einmal Getreidelager und Handelsplatz. Der Dom Santa Maria Maddalena ist ein Renaissancebau. Kunstliebhaber sollten ihn unbedingt besichtigen. Tiepolos »Letztes Abendmahl« hängt hier in der Kapelle. Giambattista Tiepolo (1696–1770) gilt als

einer der wichtigsten Maler des späten Barock. Sein Hauptwerk ist allerdings das Deckenfresko der Würzburger Residenz.
Piazza Duomo | tgl. 8.30–18 Uhr, sonntags nicht während der Hl. Messe

Villa Romana

Nahe beim Dom, in der Via Scavi Romana steht diese römische Villa. Man hat sie 1921 bei Bauarbeiten gefunden. Vermutlich stammt sie aus dem 3. Jh. Die herrlichen alten Mosaike sind fast genauso schön wie die berühmten Mosaike von Pompeji. Neben Tierdarstellungen und geometrischen Formen sind vor allem die Amorette – so etwas wie kleine Liebesengel – abgebildet. Letztere sind recht bezaubernd. Im Antiquarium sind weitere Funde wie Vasen und andere Objekte ausgestellt.
Via Crocifisso | www.comune. desenzano.brescia.it | März–Okt. Di–So 8.30–19 Uhr | Eintritt 4 €

MUSEEN UND GALERIEN

Museo Civico Archeologico »Giovanni Rambotti«

Desenzano dürfte nicht nur der Größte, sondern wohl einer der ältesten Orte am Gardasee sein. Ausgrabungen in der Umgebung beförderten Pfahlbauten wahrscheinlich aus dem 2. Jh. v. Chr. zutage. Zumindest ist ein gut 2 m langer Eichenpflug auf diese Zeit datiert. Nach dem Rückzug des Gletschers, der den Gardasee schuf, war Desenzano wohl der erste bewohnbare, weil eisfreie Ort.

Das Museum liegt in einem alten Kreuzgang. Es ist vom Bahnhof und von den Fähren aus einfach zu Fuß zu

Die Reste der römischen Villa Romana (▶ S. 104) stehen in der Nähe des Doms. Besonders schön sind die Mosaike mit den säenden und angelnden Amoretten.

erreichen. Der Eintritt ist frei, Sonderausstellungen können kosten.

Chiostro di Santa Maria de Senioribus | Via T. Dal Molin 7/c | Tel. 03 09 14 45 29 | www.onde.net/desenzano | Di, Mi 9–13, Do, Fr 15–19, Sa, So, feiertags 14.30–19 Uhr

ÜBERNACHTEN

Hotel Villa Rosa

Elegant und viel Komfort – Von der Terrasse hat man einen wunderbarenr Blick auf den Gardasee. Es sind nur wenige Schritte und man ist mitten in Desenzano. Insofern ist das Hotel auch noch sehr shoppingfreundlich – die Tüten und Taschen lassen sich schnell zurückbringen.

Lungolago C. Battisti 89 | Tel. 03 09 14 19 74 | www.villarosahotel.eu | 62 Zimmer | €€€€

Park Hotel

Honeymoon forever – Im Park Hotel von Desenzano turteln oder wieder turteln – es ist ein zauberhaftes Haus mit Tradition, direkt am Seeufer. Es wurde 2012 renoviert.

Lungolago Cesare Battisti 17 | Tel. 03 09 14 34 95 | www.parkhotelonline.it | 51 Zimmer | €€€

EINKAUFEN

Märkte

Dienstag ist Markttag in Desenzano – so mancher behauptet, es sei der schönste am Gardasee. Es ist auf jeden Fall der größte und bietet nicht das übliche Sammelsurium an Lebensmitteln und Klamotten, sondern auch wirklich gute Ware. So manche Handtasche »musste« schon unbedingt mitgenommen werden.

Jeden ersten Sonntag des Monats – außer im August – ist Antiquitätenmarkt in der Altstadt.

EINKAUFSCENTER
Shoppingcenter Il Leone
4 km außerhalb von Desanzano, in Richtung Castiglione, liegt das Center mit 120 Geschäften.

Lonato | Via Mantova 36 | Tel. 03 09 15 81 78 | www.illeonedilonato.com/it | tgl. 9–22 Uhr

KULTUR UND UNTERHALTUNG
Hübsche Coctailbars und Lounges gibt es am alten Hafen. Danach geht es raus aus der Altstadt, in die Diskotheken. Wer nicht mehr geübt ist im Ausgehen: Hier kommt erst ab Mitternacht Leben ins Getümmel. Dafür aber geht es gut und gerne bis zum Morgen.

CLUBS
Coco Beach Club Lonato
Tanzen und chillen unter freiem Himmel, nur wenige km von Desenzano entfernt. Weißester Strand und Palmen, Moonlight-Music – alles was das Herz begehrt.

Lonato del Garda | Via Catullo 5 | www.cocobeachclub.net

Sestosenso
Nur während der Saison. Am besten in den Newsletter auf der Webseite eintragen oder unter Facebook checken, was wann gerade angesagt ist.

Via Dal Molin 99 | www.sestosenso.it

DISKOTHEKEN
Dehor
Edeldisko mit großem Park und mehreren Restaurants.

Die schlichte Knochenkapelle birgt weit über tausend Schädel sowie Knochen vieler Gefallener der Schlacht, die 1859 bei Solferino (▶ S. 107) stattfand.

Via FornacedeiGorghi 2 | Vorbestellung
Tel. 34 62 17 88 04 | www.dehor.net

SERVICE

AUSKUNFT

Hotels

Via Porto Vecchio 34 | Tel. 03 09 99
13 51 | www.desenzano4you.com

Rathaus

Via Carducci 4 | Tel. 03 09 99 42 11 |
www.comune.desenzano.brescia.it

Ziele in der Umgebung

SOLFERINO süd. B 8

2500 Einwohner

Es ist der Geburtsort der Roten Kreuzes. 1859 standen sich hier 320 000 Soldaten in verfeindeten Linien gegenüber und meuchelten einander. Noch heute finden die Bauern beim Ackern Knochenteile aus dieser Zeit. Der Genfer Geschäftsmann Henri Dunant war Zeuge der Schlacht und hielt das entsetzliche Leid in seinen Erinnerungen fest. Aufgrund dieses Buches wurde 1863 in Genf das »Internationale Komitee der Hilfsgesellschaften für die Verwundetenpflege« gegründet, welches seit 1876 den Namen »Internationales Komitee vom Roten Kreuz« (IKRK) trägt. Auf dem Hügel befindet sich die Knochenkapelle Ossario di Solferino. In dieser kleinen Kirche werden die Schädel von 1413 Gefallenen der Schlacht und Knochen von ca. 7000 weiteren Opfern aufbewahrt.

25 km südöstl. von Desenzano

SEHENSWERTES

Torre di San Martino

Die Front erstreckte sich auf 12 km über die Hügelkette, ein weithin sichtbarer Turm in San Martino della Battaglia erinnert an diese Geschehnisse. Der Gedenkturm ist König Vittorio Emanuele II. gewidmet. Eine Bronzestatue in der Mitte erinnert an ihn. Die Büsten, die diese umgeben, sind Abbilder seiner Generäle. Der Turm liegt ca. 10 km nördlich von Solferino, er ist 74 m hoch, eine Rampe führt bis zur Turmspitze hinauf. Der Aufstieg lohnt sich, der Blick ist gigantisch.

San Martino della Battaglia | Via Torre 2 | Tel. 03 09 91 0370 | www.solferino esanmartino.it | März–Sept tgl. 9–12.30 und 14.30–19, Okt.–Feb. Di–So 9–12.30 und 14–16.30 Uhr

MUSEEN UND GALERIEN

Internationales Museum des Roten Kreuzes

Das Museum wurde 1959 in einem Adelspalast aus dem 18. Jh. eingerichtet. Hier kann man nicht nur Dokumente, chirurgische Instrumente, Tragbahren und Feldausrüstungen besichtigen, sondern man kann auch viel über das Rote Kreuz und seine Geschichte erfahren. Das Museum liegt ca. 6 km westlich von Solferino.

Castiglione delle Stiviere | Via Garibaldi 50 | Tel. 03 76 63 85 05 | www.micr. it | April–Okt. 9–12 u. 15–18, Nov.–März 9–12 u. 14–17 Uhr | Eintritt 5 €, Kinder 3 €

VALTÉNESI A 6/7

Es ist eine zauberhafte Region, das Valtènesi. Das Südwestufer, zwischen Desenzano und Salò, ist im Vergleich zu anderen Ecken am Gardasee noch eher unbekannt. Sanft und hügelig, lieblich und genussreich – der Boden war immer fruchtbar. Die Geschichtsschreiber berichten immer wieder von der reichen Weinregion, aus der Fürsten und Könige ihren Lugana oder anderen Wein bezogen. Trüffelkenner wissen, dass hier mehrere Trüffelsorten besonders gut gedeihen. In den Weingärten wiederum bauen Winzer die Trauben für den rubinroten Gropello an. Auch für ihr hervorragendes Olivenöl ist die Gegend bekannt.

Die drei wichtigsten Orte sind Manerba, Moniga del Garda und Padenghe sul Garda. In der Burg von Moniga del Garda hat sich über die Jahrhunderte ein Dorf eingenistet, durch das es sich gut schlendern lässt. Die Burg von Padenghe thront noch immer prächtig über allem. Vom Turm aus hat man einen netten Blick über die Weinberge. Nicht versäumen sollte man einen kurzen Stopp im Caffè Martini. Die Kaffeerösterei unter den Arkaden von Padenghe lädt ein, Kaffee zu kosten und zu kaufen (www.caffemartini.eu).

Cisano hoch über der Bucht von Salò ist ebenfalls einen Besuch wert. Der Ort war einmal eine wichtige Festung und Burg, als der Landstrich noch heftig umkämpft wurde. Am Spiaggia di Manerba, einem Kiesstrand nördlich der Landzunge, lässt sich's gut in der Sonne liegen. An der Rocca di Manerba gibt es das Besucherzentrum des Archäologischen Naturparks (www.parcoroccamanerba.net).

6–15 km nördl. von Desenzano

ÜBERNACHTEN

Azienda Agricola Pratello di Bertola V. S.S. – R.I.

Ritterlich – Von hier aus kann man den ganzen See übersehen, von Sirmione bis zum Monte Baldo, ein atemberaubendes Panorama. Dabei kann man mit dem Hausherren über die unterschiedlichsten Weine sprechen und natürlich diese auch verkosten.

Padenghe sul Garda | Tel. 0 309 90 70 05 | www.pratello.com | 2 Wohnungen, 1 Suite | €€

Residence Miralago

Familiär – Im Residence Miralago gibt es alles, was eine Familie als Urlaubsbasis braucht, um erholsame Ferien zu gestalten. Schwimmbad, Pingpong, Kinderspielplatz, es ist nicht weit bis zum See und es lassen sich nette Ausflüge von hier aus starten.

Manerba del Garda | Via Cavalle 12 | Tel. 03 65 55 11 49 | www.residencemiralago.com | 45 Zimmer | €€

EINKAUFEN

OLIVENÖL

Il Podere degli Ulivi di Stefano Beretta

Padenghe sul Garda | Via Calvino 4 | Tel. 03 09 90 04 51 | www.calvingusto.it

SERVICE

AKTIVITÄTEN

Slow-drive – die Wiederentdeckung der Langsamkeit 🚩

Im Oldtimer um den See chauffieren, sich auf die Wurzeln des Autowanderns besinnen. Autowanderfahrten – so nannte man früher das Umhercruisen mit dem Wagen. »Vintage Car-Driving« nennt sich das heute. Unterwegs ohne Navi und GPS – und wer mal die falsche Abzweigung fährt, muss nicht gleich hysterisch bitte wenden: Manchmal findet man gerade abseits der Route sein unerwartetes Glück.

Padenghe sul Garda | Via Marconi 108 | Tel. 03 09 90 77 12 | www.slowdrive.it

SALÒ

10 000 Einwohner
Stadtplan ▶ S. 109

🔖 A 5

Die elegante Stadt liegt zwar geografisch am Westufer des Sees, und doch: Sie ist der Süden. Ein einzigartiges Mikroklima lässt Salò wie einen Ort am Mittelmeer erscheinen. Es wachsen Olivenbäume und Zitrusfrüchte, das Klima ist zu jeder Jahreszeit mild und angenehm. Der Frühling beginnt früher, der Sommer ist leichter, der Herbst goldener. Und selbst der Winter hat hier etwas Helles, Lichtes. Das Sonnenlicht im Winter über dem Gardasee wirkt warm, golden – und man kann es kaum schöner als in Salò erleben. Salò schmiegt sich in die gleichnamige Bucht, die umgeben ist von sanften Hügeln. Der San Bartolomeo erhebt sich bis auf 570 m über N.N. Eine Wanderung hinauf führt über hübsche

Bergpfade und durch eine vielfältige Vegetation, der Aufstieg wird oben mit einer spektakulären Aussicht belohnt.

Schon in römischer Zeit war Salò ein wichtiger Verwaltungsort. Bürokratie überdauert vieles, und so blieb trotz des Wandels der Zeiten die Verwaltung ein wichtiges Standbein für Salò, egal, ob die Herrscher aus Brescia oder aus Venedig kamen. Heute ist es Gerichtsstandort, beherbergt Finanzamt und Provinzialämter. Die Verwaltung überlebt die Zeiten eben!

Wenig rühmlich für Salò ist die kurze Phase als sogenannte Republik während Mussolinis Diktatur. Italiens Duce errichtete hier seine »Italienische Sozialrepublik« unter dem Schutz deutscher SS-Truppen. Der Zusammenbruch der deutschen Front in Norditalien 1945 beendete dann diesen »Geisterstaat«.

Der Dom Santa Maria Annunziata (▶ S. 110) befindet sich im Zentrum von Salò. Er wurde im spätgotischen Stil erbaut und ist innen die prächtigste Kirche am See.

Salò hat eine wunderschöne Uferpromenade, den Lungolago. Ein Erdbeben hatte 2004 die Struktur vieler Häuser erschüttert, sie waren einsturzgefährdet. Ursprünglich waren in Salò Häuser direkt ans Wasser gebaut worden; man darf es sich ähnlich vorstellen wie in Venedig. Heute führt die Seepromenade an der hübschen Altstadt entlang. Es gibt angenehme Hotels, schöne Restaurants und ein tolles Angebot an Geschäften. Für Schuhe braucht keine Frau bis Mailand zu reisen, Salò hat die neuesten Trends und schönen Schuhe auch im Angebot.

Man betritt die Stadt an der Porta del Carmine, im Osten, oder, wer von Süden bzw. Westen anreist, an der Porta dell'Orologio. Der »Turm mit Uhr« zeugt noch davon, dass Salò einmal für die Uhrmacherkunst eine wichtige Stadt war.

SEHENSWERTES

❶ Dom Santa Maria Annunziata

Wer es nicht weiß, wird nicht vermuten, dass sich hinter der schlichten Fassade die prunkvollste Kirche des Gardasees verbirgt. 1453 begannen die Bürger von Salò mit dem Bau des

Doms. Erst im 16. Jh. wurde er fertiggestellt. Spätgotische Holzbildarbeiten des deutschen Meisters Hans von Ulm und Fresken alter Maler Oberitaliens gelten Kunstgeschichtlern als wertvolle Zeugnisse. Die prachtvolle Orgel stammt aus dem 16. Jh. Hier kann man die Handwerkskunst früherer Jahrhunderte bewundern.

Vicolo Campanile 2 | tgl. 8.30–12, 15.30–19.30 Uhr

2 Gasparo da Salò

Die Büste am westlichen Ende der Seepromenade erinnert an den »Erfinder« der Geige. Gasparo da Salòs Violinen und Bratschen sind heute wertvolle Instrumente, die Versteigerung einer Geige bei Christies erzielte erst kürzlich über eine halbe Million US$. Da Salò lebte 1540–1609 und stammte aus einer Schafzüchterfamilie. Großvater Santino stellte wohl Saiten für Streichinstrumente aus Schafsdarm her. Aus dem Handwerkerenkel wurde ein Künstler.

Das Garda Musik Festival »Estate Musicoli Gasparo Salò« im Juli ist eine Konzertreihe für Violinkonzerte, die an den Geigenbauer erinnert. Es ist alljährlich ein Highlight am See.

Ufficio Cultura e Turismo | Tel. 03 65 29 68 34 | www.comune.salo.bs.it, www. visitgarda.com

3 Palazzo della Podestà und Magnifica Patria

Der Palazzo wird heute als Rathaus genutzt, er stammt ursprünglich aus dem 14. Jh. Er wurde 1901 bei einem Erdbeben beschädigt und nach alten Plänen wieder aufgebaut. Eine hübsche Säulenhalle verbindet ihn mit dem aus dem 16. Jh. stammenden Palazzo della Magnifica Patria. Die Sprüche an den Wandtafeln erinnern an die Vorkämpfer der Einheit Italiens, wie Garibaldi oder Mazzini.

4 Palazzo Fantoni

In dem Palazzo nahe dem Dom sind zwei Museen untergebracht. Das Civico Museo Archeologico »Mucchi« und das Museo Storico Nastro Azurro. Ersteres zeigt Funde aus einer antiken römischen Nekropole, Letzteres ist der Militärgeschichte gewidmet. Öffnungszeiten können hier variieren.

– Museo Mucchi | Via Fantoni 49 | Mo–Fr 10–12 Uhr | Eintritt 2 €
– Museo del Nastro Azzuro | www. museonastroazzurri.it | Do–Sa 15.30–18.30, Sa/So auch 10–12 Uhr | Eintritt 4 €

ÜBERNACHTEN

5 Hotel Conca d'oro

Gepflegt und gut – Das Hotel verfügt über viele ordentliche Zimmer, die frisch renoviert sind und einen schönen Blick auf See oder Park bieten. Es gibt einen hoteleigenen Badestrand gegenüber. Am Abend wartet Livemusik zum Sonnenuntergang.

Via Zette 7 | Tel. 0 36 54 14 39 | www. hotelconcadoro.com | 39 Zimmer | €€

6 Hotel Duomo

Beste Lage am Lungolago – Die Zimmer sind zwar klein, aber komfortabel und wer eines mit Balkon zum See hinaus hat, kann den Trubel unter sich genießen. Auch die Küche des Hauses ist empfehlenswert.

Lungolago Zanardelli 91 | Tel. 0 36 52 10 26 | www.hotelduomosalo.it | 24 Zimmer | €€€

7 **Hotel Laurin**

Leben im Jugendstil – Jeder Blick ist ein Genuss. Aller Komfort wird geboten. Wer nicht gleich übernachten will, sollte sich dennoch einen Espresso oder einen Sprizz auf der Terrasse gönnen. Das Ambiente ist wahrlich beeindruckend.

Viale Landi 9 | Tel. 0 36 52 20 22 | www. hotellaurinsalo.de | 30 Zimmer | €€€€

ESSEN UND TRINKEN

RESTAURANTS

8 **Osteria di Mezzo**

Gut und freundlich – Es muss nicht immer großartig sein. Schnell wird die Pizza in der kleinen Osteria in der Nähe des Rathauses serviert.

Via di Mezzo 10 | Tel. 03 65 29 09 66 | €

9 **Ristorante Rosa**

Zu verlockend – Fisch vom See, mit schwarzen Trüffeln oder Trauben, hausgemachte Tortelli mit Fisch-Füllung, Kartoffel-Kastanien-Gnocchi mit Rosinen und Rosmarin – es gilt, die Zunge anzubinden, bei diesen unvergleichlichen Speisen.

Lungolago Zanardelli 63 | Tel. 0 36 52 10 26 | www.ristoranterosasalo.it | €€€

Villa Arcadio ▶ S. 109, westl. a 2

Internationale Küche – Küchenkunst und regionale Produkte, alles garniert mit toller Aussicht. Das liest sich lapidar – aber es ist mit das Beste, was es am Gardasee zu genießen gibt. Das Hotel-Restaurant liegt auf einem grünen Hügel über Salò mit Blick auf den See, umgeben von Olivenhainen.

Via Palazzina 2 (Navi: Via Navelli 2) | Tel. 0 36 54 22 81 | www.hotelvillaarcadio.it | €€€€

EINKAUFEN

Es gibt eine Menge hübscher Boutiquen und Geschäfte, und vor allem das, was glücklich macht: Schuhe und Schokolade.

KULINARISCHES

10 **Markt**

Markt ist jeden Samstagvormittag auf der Piazza del Mercato.

11 **Pasticceria Vassali**

Es kann eigentlich im Himmel nur Schokolade von Vassali geben. Unwiderstehlich sind die Bacettini di Salò – sie sind so etwas Ähnliches wie Nuss-Crossies. Es gibt auch einige Früchte im Schokomantel, Pastillen mit Orange-Zeder-Geschmack und Torten, wie sie nur in Italien möglich sind.

Via San Carlo 84/86 | Tel. 0 36 52 07 52 | www.pasticceria-vassalli.it

SCHUHE

12 **Antica Cappellaria Mirandi**

Seit 225 Jahren die Adresse für Schuhe, Taschen und Hüte

Via San Carlo 63 | Tel. 03 65 52 15 11

13 **Calzature Guatta**

Schön und gut sind die Schuhe, Schuhe, Schuhe …

Via Lungolago 28 | Tel. 0 36 52 10 28

14 **Principe**

Elegante Schuhe für Sie und Ihn. Auch tolle Gürtel und Accessoires.

Via Lungolago 21 | Tel. 0 36 54 22 25

15 **Scarperia**

Modern-sportive Schuhe und Taschen für Sie und Ihn.

Piazza Zanelli 24 | Tel. 0 36 54 34 44

Der Dunst liegt über dem Idrosee (▶ S. 114)), in dem sich die umliegenden Berge spiegeln. Die Gegend um den See eignet sich gut zum erholsamen Wandern.

SERVICE

AKTIVITÄTEN

Passeggiate nel Verde

Diese »Spaziergänge ins Grüne« sind ausgesucht hübsche Wanderungen, die der Verein »Amici del Golfo« zusammenstellt. Sie dauern in etwa 1,5 Std. Sie führen in kleine Orte und zu schönen Aussichtspunkten, z.B. auf die Corona (407 m N.N.) oder zum San Bartolomeo (480 m N.N.) oder zu einer kleinen Wallfahrtskirche »Madonna del Rio« oder nach Bagnolo, einem Dörfchen, das mit wunderschönen alten Kastanienbäumen beeindruckt. Die längste Strecke ist die Bassa via del Garda. Doch die lässt sich nicht mehr unbedingt als Spaziergang bezeichnen, das ist schon eine ausgewachsene Wanderung (▶ S. 113).

www.comune.salo.bs.it

Wanderung »Bassa via del Garda«

Es ist die alte Straße, die seit früheren Zeiten die Ortschaften im Hinterland miteinander verband. Sie führt von Salò nach Limone, man braucht für diese 50 km lange Tour, je nach Kondition, vier oder fünf Tage. Die Route ist in sechs Abschnitte eingeteilt. Der Weg führt auf etwa 500–800 Höhenmeter über den Gardasee und zu kleinen Orten, in denen man urige Tavernen findet. Die Vegetation – üppige Lorbeerhecken, Kastanienhaine, Zitronenbäumchen – und das Panorama sind gleichermaßen beeindruckend. Es empfiehlt sich aber, sich gut auf den Weg vorzubereiten oder einen Bergführer zu nehmen. Die Wege sind nicht so ausgeschildert, wie man es aus den deutschen oder österreichischen Alpen kennt.

Es werden auch Reittouren auf dieser Strecke angeboten – das ist schon sehr besonders!

www.parks.it/parco.alto.garda.bresciano, www.comune.salo.bs.it

Ziele in der Umgebung

◎ ISOLA DEL GARDA ⚑ B 6

Wer von San Felice am Seeufer Richtung Salò fährt, kann sie gar nicht übersehen: die Isola del Garda mit der grandiosen Villa. Ein wenig verwunschen, ein wenig mystisch wirkt sie, vor allem aber war es lange Jahre für Normalsterbliche völlig verboten, auch nur einen Zeh aufs Ufer zu setzen. Die meisten kennen darum wohl nur Fotos von der Insel.

Weil aber auch bei einer gräflichen Familie das Geld nicht vom Himmel fällt und der Erhalt dieses einmaligen Ensembles teuer ist, dürfen Touristen inzwischen einen Teil der Insel und des Palazzo besichtigen. Allerdings nur auf Anmeldung. Eine Übernachtung auf der Insel ist nicht möglich. Die Führung dauert etwa zwei Stunden, es gibt einen Aperitif.

Eine prächtige Parkanlage und romantische Gärten umgeben das Gebäude, das ursprünglich ein Kloster gewesen sein soll. Pinien und Zypressen, Akazien und Zitronenbäumen, Magnolien und Agaven verzaubern – vor allem bei den stilvollen, außergewöhnlichen Konzerten, zu denen die Familie einlädt. Genaue Konzerttermine gibt es auf der Webseite.

Azienda Agricola Borghese Cavazza | Via Mazzini 22 | Tel. 32 83 84 92 26 | Besichtigung mit Voranmeldung März– Okt. | www.isoladelgarda.com | 25 €, ermäßigt 16 €

◎ LAGO D'IDRO ⚑ A 2/3

Wenn es in der Bucht von Salò zu heiß wird: ab zum Baden in die Berge. Der Lago d'Idro ist der größte Nachbarsee des Gardasees und liegt in den Bergen auf etwa 400 m. Von Salò aus ist er bequem über die Strada 237 zu erreichen. Sie ist gut ausgebaut. Wer mit dem Auto – gar einem Cabrio – unterwegs ist, kann die Fahrt dorthin besonders genießen. Die Strecke über Gargnano ist zwar kurvenreicher und fahrtechnisch spannender – aber hier kommen einem ziemlich viele Motorradfahrer entgegen. Freilich, wer begeisterter Motorradfahrer ist, sollte sich diese Strecke aussuchen. Oben gibt es einige kleine Dörfer mit gemütlichen Trattorien oder Pizzerien. Die Region um den Bergsee ist ziemlich ursprünglich, die Natur einfach schön – Wanderer und Mountainbiker finden hier wirkliche Erholung.

www.lagodidro.it

25 km nördl. von Salò

◎ SAN FELICE DEL BENACO ⚑ A 6

3000 Einwohner

Das Örtchen, das noch den alten Namen des Sees trägt, liegt auf einem Hügel. Pittoresk und hübsch, auch wenn sich der Ort selbst für Fremde unbegreiflich über einige Weiler verteilt. Viele Städter aus Brescia haben hier ihre Wochenendresidenzen.

5 km südöstl. von Salò

SEHENSWERTES

Santuario del Carmine dei Padri Carmelitani

Zwischen den Weinbergen gibt es nicht nur hübsche Häuschen, sondern auch eine Wallfahrtskirche. Das Santuario del Carmine, ein Karmeliterkloster, wurde bereits im späten Mittelalter erbaut, Ende des 18. Jh. säkularisiert und 1952 wieder als Kloster eröffnet. Der Innenraum der Kirche ist sehenswert, nicht nur, weil die Fresken als kunstgeschichtlich wertvoll eingestuft werden. Auch weil es hier etwas Besonderes gibt: Die Madonna wird in vielfacher Gestalt dargestellt – das soll ihre Wundertätigkeit und Hilfe in unterschiedlichsten Notlagen unterstreichen.

Tel. 0 36 56 20 32 | www. santuariodelcarmine-sanfelice.it

ESSEN UND TRINKEN

Dalie e Fagioli

Exzellent – Nicht nur essen, auch Delikatessen kaufen kann man hier, z. B. Orangenmarmelade mit Lavendel. In seinem früheren Leben hatte sich Fabio Mazzolini einen Stern erkocht. Doch der Aufwand war ihm zu groß, jetzt gibt es eine umwerfend gute Küche zwischen »Dahlien und Bohnen«, so der Name des Hauses. Hier kann man übrigens auch übernachten. Was nach einem Blick in die Weinkarte sogar schlau ist.

Manerba del Garda | Via Statale 23 | Tel. 0 36 51 90 33 11, mobil 34 75 98 95 88 | www.dalieefagioli.it | €€

La Dispensa

Charmant und lecker – La Dispensa ist ein hübsches Lokal am alten Rathaus. Das Carpaccio vom Rind lässt alle Geschmacksknospen jubeln. Dazu die Weinempfehlungen und man weiß, warum der Ort San Felice heißt.

Piazza Municipio 10 | Tel. 03 65 55 70 23 | www.ladispensasanfelice.it | €€€

Der Park der Isola del Garda (▶ S. 114) ist ebenso sehenswert wie der Palazzo selbst. Die romantischen Gärten blühen im Frühjahr und Frühsommer prächtig.

DAS WESTUFER –
LUXUS UND BADESPASS

Welche Seite des Gardasees schöner ist, ist eine Glaubensfrage –
der Osten mit seiner Lieblichkeit und den romantischen Sonnen-
untergängen? Oder der Westen mit seiner schroffen Schönheit
und seinen energetisierenden Sonnenaufgängen?

Das Licht bricht sich kontrastreich auf den Felswänden – und verleiht der
Westküste ihr ganz eigenes Flair. Sowohl die Sicht als auch die Strecke
entlang des Ufers ist spektakulär. Die »Gardesana Occidentale« führt
meist nur wenige Meter über dem See über und durch die steilen Ufer-
felsen des Gardasees. Immerhin 74 Tunnels wurden in den Fels gesprengt,
damit die Reisenden bequem ihre Ziele am westlichen Ufer erreichen.
Gardone Riviera ist das Luxusbiotop am See – hier tummelten sich schon
immer die Reichen und Schönen, die Mächtigen und Prächtigen. Daran
hat sich bis heute nichts geändert.
Einer dieser zumindest damals berühmten Zeitgenossen war Gabriele
d'Annunzio, Dichter und begnadeter Selbstdarsteller. Er hinterließ der

◄ Von oben hat man den besten Blick
auf Limone (▶ S. 130) und den See.

Der Norden

Das Westufer

Das Ostufer

Der Süden

Nachwelt nicht nur schwülstige
Gedichte, sondern auch eine merk-
würdige Sehenswürdigkeit oder
eine sehenswerte Merkwürdig-
keit, seine Villa Il Vittoriale mit
Museum und Amphitheater.
Ein heutzutage bekannter Mann
hat nicht weit davon entfernt mit
viel Fantasie und Kreativität ein
einzigartiges Pflanzenparadies er-
schaffen, das einen Besuch unbedingt lohnt – André Hellers Botanischer
Garten ist eine wunderschöne Mischung aus Kunst und Natur.

LUXUS UND NATUR SATT

Das Westufer ist aber nicht nur für Historie bekannt – es steht auch für
Badespaß und Wassersport wie in Toscolano-Maderno, für üppig blü-
hende Natur wie in Gargnano, wo auch Luxus und Lifestyle seit vielen
Jahren zu Hause sind und wo man gerne per Hubschrauber oder mit dem
eigenen Boot anreist.
Nicht zu vergessen aber auch die Limonen, die schon Goethe beeindruckt
haben. Daraus macht man den fruchtig-säuerlichen Limoncello, einen
Zitronenlikör. Er wird aus einem Gemisch aus Alkohol, Wasser, Zucker
und Zitronenschalen hergestellt. Diese geben dem Likör die quietschgel-
be Farbe. Ursprünglich wurde er in Süditalien angesetzt. Doch spätestens
seit Limone sul Garda sich zur Zitronenhauptstadt aufgeschwungen hat,
kommt echter Limoncello vom Gardasee. Er wird über Eis und Desserts
gegeben oder eiskalt getrunken.

GARDONE RIVIERA ⚑B5

2700 Einwohner

Hier wird noch flaniert und char-
miert – alte Worte für das, was heute
floaten und chillen genannt wird. Aber
in Gardone passen sie durchaus: Es ist
die alte Pracht, die in Gardone überlebt
hat. Dichter und Denker fuhren in der
Winterzeit in den Süden, um im wär-
meren Klima aufzutanken. Schick war
es damals, nach Gardone zu reisen –
und so ist es heute. Gardone Rivieras
Flair wird von Hotels und Villen bestimmt. Baden, Sport oder andere

Aktivitäten scheinen eher unnütze Beschäftigungen. Man residiert. Wer auf der Gardesana vorbeifährt, sieht es so manchem Haus nicht an. Aber als die Häuser damals um die vorige Jahrhundertwende erbaut wurden, da gab es die Straße noch nicht. Man kam noch mit dem Boot über den See, und zeigte den Luxus übers Wasser.

Gardone di sopra, das alte Gardone, schmiegt sich oben an den Hang. Es gibt ein Rathaus und die barocke Pfarrkirche mit einem daneben stehenden älteren römischen Campanile – alles hübsch und schmuck von Häusern in verwinkelten Gassen umgeben. Gardone ist bekannt für sein beständiges, mildes, fast mediterranes Klima. Das sorgt auch für üppigen Pflanzenwuchs. Überall wuchert es grün und blumig.

Beeindruckende Villen geben dem unteren Teil des Ortes, Gardone di sotto, ein prächtig-mondänes Gesicht. Die Villa Fiordaliso war ein eleganter Jugendstilbau, in dem die Mätresse von Mussolini residierte. Der Diktator wohnte mit der Familie im Nachbarort. Heute ist das Haus ein Hotel.

Beeindruckend auch die Villa Alba, die im Auftrag eines deutschen Fabrikanten erbaut wurde, damit er die Sommermonate in Gardone verbringen konnte. Das Monumentalgebäude war reiner Privatbesitz der Familie, sie wurde im Krieg enteignet. Heute ist es das Konferenzzentrum von Gardone.

SEHENSWERTES

André Hellers Botanischer Garten 7

Zwischen Gardone di sotto und Gardone di sopra gäbe es eine leere Stelle, wäre da nicht André Hellers Gartentraum, der die Fläche zwischen oben und unten füllt. Der Zahnarzt des letzten Zaren, Dr. Arthuro Hruska, war der Begründer des Gartens, den seit 1988 Heller sein eigen nennt. Und – danke! – Heller lässt die Welt zu Besuch kommen, in dieses einzigartige Pflanzenparadies. Da gibt es Edelweiß inmitten von Orchideen, meterhohe Baumfarne neben Granatapfel. Bäche und Wasserfälle, Teiche mit heiligen Koi-Karpfen, Forellen und Spiegelungen des Libellenflugs, Hügel aus Dolomitgestein neben Kakteen und Efeutürmen. Indische und marokkanische Skulpturen in Harmonie mit Installationen von Roy Lichtenstein und Keith Haring. Und bei allem darüber hinaus: schmeichelndes Licht und kühlender Schatten.

Via Roma 2 | Tel. 03 36 41 08 77 | www. hellergarden.com | März– Nov. 9–19 Uhr | Eintritt 10 €, Kinder 5 €

Il Vittoriale – die Villa des Gabriele d'Annunzio 8

»Siegesdenkmal« heißt »il Vittoriale« – es ist aber das persönliche Monument eines geltungssüchtigen Selbstdarstellers. Um das Gebäude als zeitgeschichtliches Zeugnis zu begreifen, muss man ein bisschen etwas über den Dichter d'Annunzio (1863–1938) wissen. Er gilt als Leitfigur im italienischen Faschismus, eine schillernde, widersprüchliche Person. Als Schriftsteller hat er kaum Spuren hinterlassen, obwohl er zu seiner Zeit durchaus Erfolge feierte und anerkannt war. Er lebte erotoman mit mehreren Mätressen in der Villa; war eng mit der größten Schauspielerin der damaligen Zeit, mit Eleonore Duse, verbunden. Die verhalf ihm zur

André Hellers Garten (▶ MERIAN TopTen, S. 118) ist ein verwunschenes Durcheinander von Kunst – hier das Chinesische Tor und eine Skulptur von Auguste Rodin – und Natur.

Berühmtheit. Die Villa hatte d'Annunzio für wenig Geld erstanden, denn die Faschisten hatten den Schwiegersohn Cosima Wagners enteignet. D'Annunzio schenkte sie dem italienischen Staat, verlangte dafür lebenslanges Wohnrecht und lebte fortan in Saus und Braus. Vermutlich war er morphiumabhängig, auf jeden Fall wird er als exzentrisch und narzisstisch beschrieben.

Im weitläufigen Park der Villa ist ein Amphitheater untergebracht. Skurriler allerdings ist der Schiffsbug der »Puglia«, der hier verankert ist. Das Schiff hatte der Dichter im Ersten Weltkrieg als Kapitän kurz kommandiert. Er bat die Marine, es ihm zum Geburtstag zu schenken, und bekam es prompt geliefert. Weiter oben im Park ist ein Schnellboot aus dieser Zeit zu besichtigen. Sodann gibt es die verschiedenen Villen, die er sich erbauen ließ. In der einen ist sein Museum »Eroe« untergebracht, also ein Heroen- oder Heldenmuseum mit allerlei Sammelstücken aus seiner Militärzeit. In der anderen Villa, der Villa Cargnacco, lebte er mit seinen drei Mätressen. Hier findet sich ein Sammelsurium aus orientalischer Schwülstigkeit, Kitsch und Kunst. Dazwischen gibt es streng-puristische Räume. Die Villa kann nur im Rahmen einer Führung besucht werden. Erhellend dazu ist ein Besuch im »D'Annunzio Segreto Museum«, das Kleidung und Dekor des Dichters zeigt. Sehenswert ist das Nachthemd des Gabriele d'Annunzio. Trotz gelebter Vielweiberei und bekennendem Nudismus trug der Herr bei der Verlustierung sein Hemd – mit maßgeschneidertem und mit Goldfaden umstickten Loch fürs männliche Gemächt. Das pompöse Mausoleum liegt am Ende des Parks. Der Blick über den See ist es wert, dorthin zu spazieren.

Via Vittoriale 12 | Tel. 03 65 29 65 11 | www.vittoriale.it | April–Sept. 8.30–19, Okt.–März 9–16 Uhr, Mo geschl. | Eintritt 8–16 €, Kinder 6–12 €

ÜBERNACHTEN
Dimora Bolsone Bed & Breakfast

Atemberaubend schön – Dimora Bolsone ist ein Herrenhaus aus dem 15. Jh., hoch über dem See gelegen. Ein liebevoll renoviertes Schlösschen mit feudalen Zimmern, jedes anders eingerichtet. Im »Torre« schenkt ein kleiner Balkon den Ausblick auf den See. Ein Ort, bestens geeignet für einen Heiratsantrag der Lebensliebe. Aber auch ohne romantische Erinnerungen: Der riesige »Garten der 1000 Sinne« grenzt direkt an den Vittoriale, es gibt seltene Pflanzen, die anderswo nicht mehr wachsen. Und noch etwas: Das Frühstück ist unvergleichlich gut. Alles frische, hausgemachte Produkte!

Via Panoramica, 23 | Tel. 0 36 72 10 22 | www.dimorabolsone.it | 3 Zimmer | €€€

Nostalgische Gefühle könnten einen überkommen angesichts des Grand Hotels (▶ S. 121) in Gardone Riviera mit der eigenen Uferpromenade und Palmen vor der Tür.

Grand Hotel Fasano

Kaiserlich – Das Grand Hotel Fasano wurde in der zweiten Hälfte des 19. Jh. als Jagdsitz des österreichischen Kaiserhauses gegründet. Die »Fasanerie« gab dem Haus den Namen. Das wirklich edle Luxushotel ist im Winter zwar geschlossen, aber der Spa-Bereich ist geöffnet und sonst auch für Gäste zugänglich, die nicht im Hotel übernachten.

Corso Zanardelli 190 │ Tel. 03 65 29 02 20 │ www.ghf.it │ 75 Zimmer │ €€€€

Grand Hotel Gardone

Herrscher und Könige – Es war das erste große Haus, das am Gardasee 1884 erbaut wurde. Der Österreicher Ludwig Wimmer kam eigentlich nur, um sein Lungenleiden zu kurieren und den Winter hier zu verbringen, aber er blieb und baute – und veränderte den Ort mit dem Bau des Hotels zu einem Winterurlaubsziel für die kränkelnden Städter des Nordens. Das Grand Hotel wurde ein Ziel für die High Society Europas, von September bis Mai logierten hier VIPs und feierten Bälle der Belle Époque. Nach dem Zweiten Weltkrieg kamen Winston Churchill, der britische Premier, oder die Schriftsteller Somerset Maugham und Vladimir Nabokov. Die Namen der illustren Gäste von damals sind heute die Namen der Suiten. Die illustren Gäste von heute dürfen sich im diskreten Flair des Hotels verstecken. Aber ob nun illuster oder VIP – man sollte sich auf der seeseitigen langen Hotelpromenade einfach einen Sprizz gönnen – wer weiß, wer sich hinter der zumeist goldfarbenen Ray Ban versteckt …

Via Zanardelli 84 │ Tel. 03 65 2 02 61 │ www.grandhotelgardone.it │ 167 Zimmer │ €€€€

Hotel Savoy Palace

Im Prunk vergangener Epochen – Mondän und raffiniert lässt es sich im Hotel Savoy Palace nächtigen. Errichtet am Anfang des 20. Jh., hat es im Laufe der Jahre berühmte Persönlichkeiten beherbergt und wurde damit zu einem bevorzugten Reiseziel für VIPs am westlichen Gardasee.

Via Zanardelli 2/4 │ Tel. 03 65 29 05 88 │ www.savoypalace.it │ 60 Zimmer │ €€€

Le Tre Gatte ▶ S. 25

ESSEN UND TRINKEN

Antico Brolo

Osteria mit Geschmack – Bei Enrico und Marcello gibt es zu guten Preisen sehr gute Küche. Kunstvoll angerichtet, zauberhaft serviert. Direkt am Ende der Stichstraße zum Vittoriale.

Via Carere 10 │ Tel. 0 36 52 14 21 │ www.ristoranteanticobrolo.it │ €€

La Torre San Marco

Im Turm von San Marco – Elegante Bar und Restaurant. Wirklich unvergesslich, wenn man mit dem Boot im Hafen anlegt, um dort zu speisen, aber auch als Disko-Erlebnis erfreulich.

Via Zanardelli 132 │ Tel. 0 36 52 01 58 │ www.torresanmarco.it │ €€€

SERVICE

AUSKUNFT

Touristbüro Gardone

Corso Republicca 8 │ www.visitgarda.com

TOSCOLANO-MADERNO

 B 5

8100 Einwohner

Stadtplan ▸ S. 123

Für manche Gardasee-Reisenden ist das der Ort am See, in dem es den funfantastischsten Badespaß gibt. Wasserratten scheinen hier wunschlos glücklich. Ein hübscher Sandstrand lädt zum Baden ein: Der Lido Azzurro liegt direkt an der Uferstraße von Maderno. An dem schattenlosen Platz kann man Schirme und Liegen mieten. Der lange kiesige Strand vor Toscolano lädt zu Tausenden von Aktivitäten ein. Wasserskifahren, Wakeboarden, Windsurfen. Obwohl – für die Surfer liegt das Eldorado sicherlich eher im Norden des Sees. In Toscolano-Maderno müssen sie noch mit Motorbootfahrern und Jet-Ski-Rittern auf dem Wasser rechnen. Wer es ausprobiert, findet das wohl auch fun-tastisch!

Der Ort Toscolano-Maderno ist ein Zusammenschluss der zwei Gemeinden im Jahr 1928. Maderno war die Sommerresidenz und Verwaltungsstadt der Herzöge von Mantua, es verlor aber immer mehr Einfluss, je stärker die Scaglier ihre Macht am Gardasee ausbauten.

Toscolano ist wohl der älteste Ort am See. Bereits im 5. Jh. v. Chr. ließen sich hier die Etrusker nieder, der Ort hieß wie der See »Benaco«. Zur Römerzeit kam Familie Tuscolo nach Benaco und machte sich einen guten Namen – aus Benaco wurde Tusculanum, und dann Toscolano.

Ein Wildbach, der »Toscolano«, trennte die beiden Orte. Er war zugleich die Voraussetzung für die Wirtschaftskraft, die hier entstand. Entlang des kleinen Flusses nutzten Papiermühlen die Wasserkraft. Heute gibt es beides nicht mehr, nur noch die Erinnerung.

> ### Musik in der Papiermühle
> **9**
>
> Ein netter, etwa halbstündiger Spaziergang führt in das Tal der Papiermühlen. Im Papiermuseum finden im Juni und Juli öfters tolle Konzerte statt, die im Eintrittspreis des Museums inbegriffen oder gar kostenfrei sind (▸ S. 15).

SEHENSWERTES

❶ Orto Botanico Ghirardi

Diesen Garten gibt es schon viel länger als den Garten von André Heller im Nachbarort und doch ist der Orto Botanico Ghirardi noch ein Geheimtipp. 1964 wurde der botanische Garten von dem Eigentümer des Pharmaunternehmens Simes cardioterapica, Professor Giordano Emilio Ghirardi, gegründet. Ziel war es, Pflanzen wegen ihrer medizinischen Wirkung zu kultivieren. Dafür korrespondierte der Pharmazeut mit Forschern der ganzen Welt und ließ sich Pflanzensamen schicken. 650 verschiedene Pflanzenarten wachsen hier, dem Großteil wird eine Heilwirkung zugeschrieben. Nach dem Tod des Gründers im Jahr 1991 wurde der Garten an die Universität Mailand übergeben.

🕐 Vereinbaren Sie einen Besuchstermin mit Führung von Ende April bis Mitte September.

Via Religione | Tel. 03 65 64 12 46 | www.ortobotanicoitalia.it | Kein Eintritt, aber vorher anmelden

Valle delle Cartiere ▶ S. 123, nordöstl. a 1

Heute stehen die Gewerke im Tal der Papiermühlen still. In Betrieb ist nur noch eine Papiermühle der Burgo Group. Aber es ist ein netter Spaziergang durch das idyllische Tal bis zum sehenswerten Papiermuseum »Centro di Eccelenza di Maina Inferiore«. Von der Fußgängerbrücke Ponte vecchio, der Brücke zwischen Toscolano und Maderno, geht man gemütlich etwa eine Stunde.

Wer nicht laufen mag, kann auch in ein Touristenbähnchen einsteigen.

Über Jahrhunderte waren Papierherstellung und der Buchdruck der Haupterwerbszweig der Gemeinde. Papier aus Toscolano war über die Jahrhunderte ein Qualitätslabel – auch wenn das früher nicht so hieß. Erst wollten die Dogen von Venedig, dann die Könige Europas diese Papiere. Martin Luther soll seine deutsche Bibel nach einer lateinischen Bibel auf Toscolano-Papier übersetzt haben. Einige Papiermühlen liegen als Ruinen, andere wurden zu modernen Wohnhäusern umgebaut, die Papiermühle Maina In-

Wenn der Monte Baldo im Frühjahr noch ein Schneehäubchen trägt, ist es in Gargnano (▶ S. 125) am Seeufer bereits angenehm warm und sommerlich.

feriore wurde zum Museum ausgebaut. Das vermittelt, wie früher Papier gemacht wurde. Es gibt auch deutschsprachige Führungen. Events, Konzerte und Ausstellungen sind im Eintrittspreis enthalten oder gar kostenfrei. Das Veranstaltungsprogramm wird auf der Homepage des Museums veröffentlicht.

Fondazione Valle delle Cartiere | Centro di Eccellenza Polo cartario di Maina Inferiore | Via Valle delle Cartiere | Tel. 03 65 64 10 50 | www.valledellecartiere.it | 12. April–30. Sept. Mo–So 10–18, Okt. Sa und So 10–17 Uhr | Eintritt 5 €

EINKAUFEN

MÄRKTE

Maderno

Der Handwerkermarkt bietet allerlei Hübsches und Seltsames.

Jeden 1. Sa im Monat.
Mai–Sept, Sa 16–23 Uhr

Toscolano

Markttag ist immer am Donnerstag, 8–13 Uhr. Antiquitätenmarkt mit Ramsch und Raritäten ist Mittwochabends, jedoch nur in den Sommermonaten von Mai bis Oktober.

www.visitgarda.com

SERVICE

AN- UND ABFAHRT
Autofähre

Von Toscolano-Maderno nach Torri del Benaco am östlichen Seeufer fährt man mit dem Auto am kürzesten und bequemsten mit der Fähre. Gerade in der Hauptsaison ist dies zu empfehlen. Die Verkehrssituation um den See verlangt oft viel Geduld. Ganzjährig tgl. im 40-/90-Minutentakt (je nach Saison). Je Fahrzeug und Fahrer kostet die Fahrt 10–16 €.

Passagierboote fahren auch mehrmals täglich, dabei werden auch andere Orte am Ostufer angefahren, wie Garda oder Bardolino.

www.navigazionelaghi.it

Ziele in der Umgebung

◎ GARGNANO   ⚑ C 4
3300 Einwohner

Ruhe und Relaxen in südlichem Lifestyle und mit Stil – Werbeworte gibt es gerade genug für diesen schönen Ort. Schon Goethe soll bei seiner Segeltour entlang des Küstenstreifens ins Schwärmen gekommen sein. Gargnano ist bis heute ein Ort der Wohlhabenden und der Lifestyle-Freunde. Die gepflegten Villen und schönen Häuser erzählen es den Betrachtern: Schöne Parks und verspielte Gärten umgeben sie. Da Gargnano unterhalb des Bergrückens der Cima Comer liegt, ist es nicht dem kalten Nordwind ausgesetzt. Drum blüht und grünt es hier so üppig.

Spannend ist der Klatsch und Tratsch über VIPs aus den alten Zeiten Gargnanos. Da ist einmal der Palazzo Feltrinelli. Die Villa ist inzwischen mehr als hundert Jahre alt und hat eine bewegte Vergangenheit. Familie Feltrinelli war eine der reichsten Familien Italiens. Eines der Familienmitglieder, Giacomo Feltrinelli, war Verleger. Er brachte Boris Pasternaks »Dr. Schiwago« auf den Markt. Kurz nach dem Krieg mauserte er sich vom Hardcore-Kapitalisten zum Revolutionär, sympathisierte immer mehr mit den Kommunisten und ging schließlich in den Untergrund. Ein guter Freund von ihm war Rudi Dutschke, der deutsche Studentenführer. Er lud ihn zu einem Genesungsaufenthalt bei sich ein, nachdem Dutschke bei dem Attentat schwer verletzt worden war.

Vorher, 1943–1945, verbrachte hier Mussolini seine Schutzhaft, während der Republik von Salò. Heute ist die Villa ein Luxushotel der allerbesten Luxusklasse. Zimmerpreise in der Nebensaison beginnen bei 1050 € pro Nacht – es ist nicht überliefert, ob mit oder ohne Frühstück. Allerdings gibt es einen eigenen Hubschrauberlandeplatz, Privatjets können in Brescia einfliegen und es gibt einen eigenen Hafen vor dem Haus, falls man per Motorjacht anlegt (www.villafeltrinelli.com).

Weiterer Tratsch ist aus der Herzschmerz-Ecke zu erzählen: Der britische Schriftsteller D. H. Lawrence, berühmt für seine erotischen Romane wie »Lady Chatterleys Lover«, war mit seiner Geliebten auf der Flucht vor ihrem Ehemann und lebte ein paar Monate in Gargnano. Frieda von Richthofen war eigentlich die Frau seines Literaturprofessors. Doch da es funkte und die Liebe keine Grenzen kennt, flüchteten die beiden 1912/13 zusammen nach Italien und verbrachten in Gargnano einige Monate, bis sie wieder zurück nach England konnten.

Es folgte ein bewegtes gemeinsames Leben, das einen eigenen Roman wert wäre.

10 km nördl. von Toscolano-Maderno

SEHENSWERTES

Bogliaco Golf Resort

Gargnano besteht aus vielen kleinen Ortsteilen – einer davon ist Bogliaco. 1912 entsteht aus dem Trendsetting eines Hoteliers, der schon damals den Touristen Besonderes bieten will, ein Golfplatz. Es war der dritte, der überhaupt in Italien angelegt wurde. Der gehört heute zwar offiziell zu Toscolano-Maderno, aber die Zeiten ändern sich eben. Davon könnte das Green hier auch erzählen. Erst golfte hier die Hautevolee, dann wurde der Golfplatz 1928 aus Staatsräson in ein Getreidefeld verwandelt, um dann von den deutschen Truppen in eine Flugzeugpiste und anschließend von den Amerikanern in einen Baseballplatz umfunktioniert zu werden. Seit 1953 gibt es wieder das Grün, das glücklich macht. Die Fairways sind sehr gepflegt, ein 18-Loch-par-69-Platz. Ganzjährig geöffnet, Gäste sind willkommen, aber ein Clubausweis mit eingetragenem PE ist erforderlich.

Bogliaco Golf Resort | Via del Golf 21 | Tel. 03 65 64 30 06 | www.golfbogliaco. com

Palazzo Bettoni

Wer von Toscolano-Maderno nach Gargnano fährt, wundert sich zunächst über eine prächtige Treppenanlage mit kleinen Brunnen und Marmorfiguren, die recht unvermittelt hinter einem schmiedeeisernen Tor steht. Dabei handelt es sich quasi um den Gartenteil des Palazzo »Villa Bettoni«, der sich auf der anderen Seite der Gardesana befindet. Als die Straße Ende des 19. Jh. angelegt wurde, rechnete keiner mit der Entwicklung, die heute der Straßenverkehr nimmt. Die Villa spiegelt das Weltbild der gelehrten Aristokratie der Lombardei im 18. Jh. Das Hauptgebäude des Palastes wird von Figuren aus der Mythologie geschmückt. Hinter dem Garten liegen einige Gewächshäuser für Zitronenbäume und ein Park. Der Palazzo Bettoni aus dem 18. Jh. wird heute noch von der Eigentümerfamilie bewohnt.

Gardesana Occidentale

Pferdeflüsterer

Gute Gelegenheiten zum Reiten findet man rund um den See. In Gargnano kann man sich Pferden und dem Reiten auf völlig andere Weise nähern. Energiearbeit für und durch das Pferd, schamanisches Arbeiten mit Pferden, Reiten lernen für Frauen ab 50 … und vieles andere. Alexandra Rieger hat hier ihren Traum verwirklicht. Zusammen mit Mauro bietet sie ein einmaliges Reitzentrum an. Man sollte sich gut informieren, ob diese Art der Pferdearbeit zu einem passt, bekommt aber ein außergewöhnliches Erlebnis, wenn man sich darauf einlässt.

Associazione Equitazione Creativa Raidho | Via Libertà 1 | Tel. 0 34 08 36 06 41 | www.raidhohealinghorses.com

San Francesco und San Martin

Franz von Assisi (1182–1226) soll in Gargnano gewirkt und im 13. Jh. ein Kloster gegründet haben. Heute steht nur noch der Kreuzgang mit aufwendig verzierten Säulen. Aber die sind überaus sehenswert. An den Kapitellen sind allerlei Verzierungen, unter anderem auch steinerne Orangen und Zitronen. Das weist darauf hin, dass schon damals die »Limonaie«, die Zitronengärten, hier gepflegt wurden. Die Kirche San Martino in der Via Don Primo Adami beeindruckt durch ihre enorme Größe.

Am Ortseingang

ÜBERNACHTEN

Lefay Resort & Spa

Meerfeeling am See – Eine kurvige Straße führt hoch hinauf über Gargano. Ein 11 ha großer Park umgibt das mondäne Haus, der Panoramablick über den See ist gigantisch. Die Terrassen liegen zwischen Hügeln und Olivenhainen. Wunschlos macht der Spa-Bereich: Es gibt eine Wellnessarea und mehrere Pools – drei davon mit Salzwasser gefüllt. Mehr wie Meer!

Via Angelo Feltrinelli 118 | Tel. 03 65 24 18 00 | www.lefayresorts.com | 90 Zimmer | €€€€

Riviera

Zentral und praktisch – Nur wenige Schritte vom Hafen entfernt. Dicke Mauern, hohe Decken und eine wunderbare Terrasse. Freundlich geführt. Die Zimmer sind alle renoviert und modern eingerichtet.

Via Roma 1 | Tel. 0 36 57 22 92 | www. garniriviera.it | 20 Zimmer | €€

Villa Giulia

Man weiß, wer man ist – Freundlich und ein bisschen snobby. Absolut empfehlenswert für die moderne, bekennende Luxusschnecke. Die historische

Hinsetzen und genießen: das umwerfende Panorama, das Rascheln der Palmen im Wind, das Dasein an sich und die fantastische Küche der Villa Giulia (▶ S. 127).

Der Gardasee ist voller Segelboote, wenn im September die Centomiglia (▶ S. 129) in Bogliaco startet. Die Regatta findet seit 1951 regelmäßig statt.

Villa liegt nördlich vom Zentrum, direkt am Seeufer. Ein Traum ist es, im Rosengarten zu frühstücken oder auf der romantischen Terrasse des Restaurants landestypische Gerichte wie fantasievolle Fischgerichte aus dem See zu genießen.

Via Rimembranze | Tel. 0 36 57 10 22 | www.villagiulia.it | 23 Zimmer | €€€€

EINKAUFEN

LEBENSMITTEL

Cooperativa Agri-Coop

Besichtigung Limonaie, Verkauf in der Via Trento 10.

Loc. Bogliaco | Via Libertà 76 | Tel. 0 36 57 17 10 | www.agri-coop.it

Oleificio Gargnano

Direktverkauf des guten Olivenöls aus Gargnano.

Via Della Liberta' 92 | Tel. 0 36 57 23 15 | Mo–Sa 9–12/15–19 Uhr

MARKT

Mercato del Antiquariato

Schöner Markt im Kreuzgang der Kirche San Francesco.

Ende Juli–Ende Aug. tgl. 10–13 und 15–20 Uhr

KULTUR UND UNTERHALTUNG

Centomiglia

Jedes Jahr zu Anfang September startet von Bogliaco aus die Centomiglia, eine der größten international wichtigen Segelregatten in Binnengewässern. Sie lockt jedes Jahr Teilnehmer und Zuschauer aus der ganzen Welt in den Hafen von Bogliaco. Der Start ist gut vom Hafen in Bogliaco und von der Seepromenade in Gargnano aus zu beobachten. Die Veranstaltung umfasst verschiedene Wettfahrten für Ein- und Mehrrümpfer.

www.centomiglia.it

 LAGO DI VALVESTINO ⚑ B 3/4

Der Toscolano wird heute im Lago di Valvestino aufgestaut. Von Gargnano führt eine Serpentinenstraße hinauf zum tiefgrünen Stausee. Um den See ist ein Naturschutzgebiet ausgewiesen, touristisch ist das Gebiet nur wenig erschlossen. Spaß haben vor allem Motorradfahrer auf dem Weg hinauf, darum sind Autofahrer zu besonderer Vorsicht angehalten. Oben eröffnet sich ein Paradies für Trekking-Freunde und Mountainbiker.

www.consorzioforestalvalvestino.com
20 km nordwestl. von Toscolano-Maderno

⦾ TIGNALE ⚑ C 3

1280 Einwohner

Von Garngano Richtung Norden geht es links hinauf auf die Hochebene von Tignale. Auch dieser Ort ist wieder ein Konglomerat aus verschiedenen kleinen Ortschaften. Auf der Hochebene lässt es sich gut biken – ob mit Mountainbike oder Rennrad. Rennradfahren ist wohl ohnehin der beliebteste Frei-

zeitsport der Italiener, am Wochenende rasen viele wilde Trupps in Hightech-Montur auf den Uferstraßen um den See. Da sind Ausweichrouten gute Alternativen. Tignale bietet Mountainbikern anspruchsvolle Routen. Wanderer können bis auf 1600 m Höhe steigen und werden oben mit einem grandiosen Blick auf den See belohnt. Aber auch wer es etwas abenteuerlicher mag, ist hier richtig: Canyoning, Klettern und Reiten werden hier angeboten. Genaue Routenangebote gibt es bei der Touristinfo.

Consorzio Turistico Tignalese │ Via Europa 5 │ Tel. 0 36 57 33 54 │ www.tignale.org
20 km nördl. von Toscolano-Maderno

SEHENSWERTES

Santuario della Madonna di Monte Castello

Atemberaubend ist der Blick von der Wallfahrtskirche Madonna di Monte Castello. Auf 680 m Höhe hängt sie wie ein Schwalbennest auf einem Felsvorsprung. Die Wände darunter fallen senkrecht ab zum See. Es könnte einem schwindelig werden, wenn denn der Ort nicht so erhebend wäre. Im Inneren gibt es einen reich vergoldeten Altar, im Gewölbe dahinter einige schöne Fresken. Hinter der Kirche befindet sich ein Kloster, von dem ein Weg in etwa 20 Minuten zum Gipfelkreuz hinaufführt. Von hier hat man einen einmaligen Blick auf den Monte Baldo oder die Burg von Malcésine am anderen Ufer des Sees.

Die Wallfahrtsstätte ist auch mit dem Auto zu erreichen: Am Ortsausgang von Gardola Richtung Prabione fahren. Dann an der Ausschilderung rechts abbiegen und auf extrem steiler und kurviger Straße bis zur Kirche hinauffahren. Wem das Stück zu steil ist, der kann auch unterhalb parken. Der Weg führt auf dem Kreuzweg durch den Wald.

Parrocchia di Tignale | Pieve S. Maria Assunta | Via Chiesa 11 | Tel. 0 36 57 30 20 | www.santuariomontecastello.it | geöffnet nur zu den Gottesdiensten

LIMONE SUL GARDA 🚩 D 2

1200 Einwohner

Stadtplan ▶ S. 131

Das ist der Ort, der in den 1950er-Jahren das Bild von »Bella Italia« in deutschen Köpfen entscheidend prägte. Er ist noch immer wunderschön, aber völlig von Touristen belagert – wer Erholung sucht, kommt am besten in der Nebensaison.

Limone ist der erste Ort des Südens, wenn man von Norden kommt. Hier locken das angenehme mediterrane Klima, die wunderschöne Lage am Fuße der steilen Felsen, wo der See sich wie ein Fjord verengt. Die Häuser der Altstadt drängen sich direkt am See. Die Zitronengärten prägen das Bild der Stadt. Limone wirbt auch mit der Zitrone – Zitronen gibt es in jeder Form, auf Keramik, auf T-Shirts, auf Postkarten. In der Via Corda sind sogar die Hausnummern auf Zitrone gemacht, will heißen, sie haben diese Form. Im Stadtpark von Limone wurde jetzt eine Limonaia eingerichtet. Aber die größte ist immer noch die Limonaia an der Burg von Limone.

Und doch hat Limone nichts mit Zitronen zu tun, sondern das Wort entstammt dem lateinischen »limes«, was so viel wie Grenze bedeutet. Die verlief hier über viele Jahrhunderte. Ob zwischen Venezianern und Lombarden oder zwischen dem Österreich der K.-u.-k.-Monarchie und Italien. Heute grenzt Limone als nördlichster Ort der Provinz Brescia an die Nachbarprovinz Trentino.

Die Altstadt von Limone schmiegt sich unterhalb der berühmten Gardesana Occidentale an die fast bis ans Seeufer reichenden Felsen an. Je weiter oben gelegen, umso ruhiger geht es in den engen Gassen zu. In der Fußgängerzone gibt es unzählige Souvenirgeschäfte, Boutiquen und Restaurants. Zum Hafen sind es nur wenige Schritte. Im Norden der Altstadt, nahe der Fähranlegestelle, steht die Pestkapelle San Rocco. Die Fassade zur Seeseite ziert eine Sonnenuhr.

Die Pfarrkirche San Benedetto aus dem 17. Jh. thront über dem Ort, sie wurde auf den Resten einer antiken römischen Basilika erbaut. Im Inneren erwartet den Besucher viel Marmor und einige schöne Gemälde des Barockmalers Andrea Celesti (1637–1712). Interessant ist auch das Kruzifix aus Buchsbaumholz.

SEHENSWERTES

🔟 La Limonaia del Castèl

»Wir fuhren bei Limone vorbei, dessen Berggärten, terrassenweise angelegt und mit Zitronenbäumen bepflanzt, ein reiches und reinliches Ansehen geben.« So beschreibt J. W. von Goethe seinen Eindruck von Limone auf der Reise Richtung Süden.

Limone war immer der nördlichste Punkt Europas, an dem Zitronen für den Handel angebaut wurden. Schon zur Römerzeit ist der Anbau von

Zitronen belegt. Zu Beginn des 19. Jh. wurde der Anbau dann »industrialisiert«. Zitronen haben ein ganzes Jahr Reifezeit, darum begann man Galerien zu errichten, die im Winter abgedeckt werden konnten. Es wurden damals sozusagen saisonale Gewächshäuser erfunden. Die Rückwände und Seiten waren gemauert, dazwischen wurden Staketen eingelassen, auf die ein Dach im Winter aufgesetzt wurde. Selbst die Front konnte mit Glasscheiben geschlossen werden.

Ein nicht ganz einfaches Unterfangen. Denn es mangelte oft auch an Erde, die vom Ostufer ans felsige Westufer gebracht werden musste. Die Limonen aus Limone waren für ihre Saftigkeit und Haltbarkeit geschätzt. Dennoch konnten sie sich gegen die Konkurrenz aus Sizilien nicht durchsetzen. Es war für die Zitronenbauern im wahrsten Sinne des Wortes sauer verdientes Geld. Der Winter 1928/1929 war extrem kalt und es erfror ein großer

Teil der Bäume. Damit endete die Zitronen-Ära am Gardasee. 2004 baute man wieder 50 Zitrusgewächse an und öffnete den Garten für die Öffentlichkeit. Im Museum lässt sich nachvollziehen, welch harte Arbeit der Zitronenanbau war. Umwerfend ist aber der Duft der Zitrusfrüchte.

Via Castello | Tel. 03 65 95 40 08 | www. visitlimonesulgarda.com | wechselnde Öffnungszeiten

MUSEEN UND GALERIEN

① Stadtmuseum

Eine liebens- und sehenswerte Ausstellung zu Lust und Last des Lebens mit dem Tourismus gibt es im Stadtmuseum zu sehen.

Bedeutsam ist die Archäologische Abteilung mit Stelenstatuen aus der Kupferzeit, Inschriften sowie Relikten aus vorrömischer und römischer Zeit. Das Museum beherbergt auch eine Pinakothek mit interessanten Werken seit dem 15. Jh.

Via Monsignor Comboni 3 | www.
visitgarda.com | Mai–Sept 10–22, April
und Okt. 10–20 Uhr | Eintritt frei

ÜBERNACHTEN

Limone sul Garda hat ein umfassendes
Angebot an Übernachtungsmöglichkeiten. Am besten lässt man sich den Ka-
talog vom Touristenbüro schicken. Es
gibt alle Broschüren auch auf Deutsch.
www.visitlimonesulgarda.com

ESSEN UND TRINKEN

RESTAURANTS

 **Gemma**

Guter Genuss – Auch Meeresfisch
steht auf der Karte. Direkt am See, im
Zentrum von Limone. Am besten am
Parkplatz der Uferpromenade parken
und die 100 m zu Fuß gehen. Das Restaurant ist auch per Boot bequem zu
erreichen, da es über einen privaten
Anlegeplatz mit Stiege bis zum Wasser
verfügt. Allerdings muss man reservieren, es ist gut besucht. Und falls man so
gar keine Unterkunft findet – Familie
Uzardi hat zu guter Letzt doch noch
einen hilfreichen Tipp.
Piazza Garibaldi 12 | Tel. 03 65 95 40 14 |
www.ristorantegemma.it | €€€€

CAFÉS

③ Caffè Gelateria Pink Panther
Schmackhaftes Zitroneneis und ein
überaus freundlicher Chef.
Via Comboni 40

EINKAUFEN

④ Markt
Dienstags bzw. von April – Sept. 1. und
3. Di im Monat ist Markt in Limone.
An der Seepromenade | 8–13 Uhr

Tremosine (▶ S. 133) gehört zu den schönsten Dörfern Italiens und besteht aus 18 kleinen
Teilorten am Gardasee. Hier sind Arias und Pieve de Tremosine zu sehen.

OLIVENÖL
Cooperativa Agricola Possidenti
Oliveti s.a.c.   ▶ S. 131, südwestl. a 1

Limone sul Garda ist von jahrhundertealten Olivenhainen umgeben. Dank des milden Klimas werden hier bereits seit der Antike Oliven angebaut und Öl gewonnen.

Noch heute wird hier Olivenöl »Extra vergine d'Oliva del Garda«, ein äußerst hochwertiges Olivenöl gepresst. Es zeichnet sich durch einen fruchtig leichten, angenehm pikanten Geschmack aus. In den ersten Novembertagen beginnt die Ernte der Früchte. Es ist anstrengend, aber wert, es einmal mitzumachen. Einer steht oben auf der Leiter und schüttelt die Äste. Unterm Baum liegen große Laken, von denen die Oliven dann aufgesammelt werden. Die Früchte, die noch nicht abgefallen sind, werden von Hand von den Zweigen abgestreift. Am Ende des Tages weiß man, was man gemacht hat. Die Oliven werden dann in der Ölmühle gepresst.

Den umfassendsten Einblick in die Olivenölgewinnung bekommt man aber bei einem Besuch der Ölmühlen, der sogenannten »Frantoie«. Dabei kann man die Olivenplantagen begehen, die Mühlen besichtigen und eine große Auswahl an Ölen probieren und kaufen. Neben dem Öl gibt es auch Oliven-Pasten und schmackhaften Brotaufstrich, aber auch andere landestypische Produkte wie Käse, Wurst, Honig, Wein und Grappa.

Eine weitere Verkaufsstelle der Cooperitiva Agricola Possidenti Oliveti gibt es in der Via IV Novembre, direkt am See am Parkplatz Via Caldogno. Hier kann man außer den oben genannten Produkten und dem guten, kalt gepressten Olivenöl auch Pflanzen für Haus und Garten erwerben.

Die Cooperativa, also die landwirtschaftliche Berufsgenossenschaft der Olivenhainbesitzer, mahlt (ganz traditionell mit zwei Mühlsteinen, die durch Wasserkraft bewegt werden!) nur noch die Oliven der eigenen Mitglieder. Je nach Wunsch können sie das Produkt mitnehmen oder es der Genossenschaft ganz oder teilweise überlassen.

Zona di produzione del »Garda Bresciano« DOP | Via Campaldo 10 | Tel. 03 65 95 44 46 | www.oleificiolimonesul garda.it | April–Okt. Mo–Fr 16–18 Uhr | Eintritt kostenlos, Wein- und Grappaprobe möglich

Einen Überblick über die Ölmühlen am Gardasee gibt es hier:
www.oliogardadop.it

SERVICE
Touristinfo

Via IV Novembre 25 | Tel. 03 65 95 47 20 | www.visitlimonesulgarda.com

Ziele in der Umgebung

◎ **TREMOSINE**   🚩 D 2
2150 Einwohner

»Balkon des Gardasees« wird Tremosine auch genannt. 18 kleine Ortschaften gehören zu der Gemeinde. Alle liegen auf etwa 400–680 m Höhe, am Rande des Nationalparks »Alto Garda Bresciano«. Tremosine gehört offiziell zum Club »I borghi più belli d'Italia«, den schönsten Dörfern Italiens. Es ist eine Auszeichnung, die von der Vereinigung Italienischer Gemeinden (ANCI) vergeben wird. Die üppig grüne Landschaft bildet mit ihrem alpinen Charakter einen reizvollen Kontrast zum mediterranen Seeufer. Hier findet man Ruhe und Erholung, aber auch zahlreiche Möglichkeiten, um aktiv zu sein. Das Hochtal ist ein herrliches Wandergebiet, in dem man Natur unberührt und pur erleben kann. Die größte Sehenswürdigkeit ist der einmalige Blick über den Gardasee mit dem gegenüberliegenden Ufer, dem Monte Baldo und Malcésine.

5–10 km südwest. von Limone

SEHENSWERTES

Bazzanega und Voltino

Es gibt herrliche Wanderwege, tolle Mountainbikestrecken, aber auch mehrere Tenniscenter. Beide Dörfer haben einen guten Ruf unter Tennisfreunden. Bazzanega ist ein großes Hoteldorf an der Straße zur Hochebene von Tremòsine. Hier gibt es das gleichnamige Hotel mit Tenniscenter in Panoramalage. Voltino ist eher ruhig gelegen, hier liegt das älteste Tenniszentrum am Gardasee. 13 Sandplätze und Tennisschule inkludiert.

www.montagnoligroup.it, www.tenniscenterlagodigarda.com

Campione

Es ist der einzige Ort Tremosines, der direkt am See, auf der kleinen Landzunge am Fuß der gigantischen senkrechten Felswand liegt. Er war viele Jahre quasi ausgestorben, denn die Bewohner arbeiteten im Ausland oder zogen weg. Außer einem großen Standplatz für Wohnmobile war hier nichts mehr geboten. Heute lebt Campione wieder auf. In den alten Häusern wurde eine moderne Wohnanlage un-

tergebracht und im Hafen eine Bootsanlegestelle für fast 200 Boote gebaut. Am Nordrand befindet sich ein Kiesstrand mit Surfschule, an der Ostseite Bademöglichkeiten mit schattigen Wiesenflächen.

www.campionedelgarda.de

Pieve

In der hübschen Altstadt des Hauptortes Pieve finden sich viele Häuser aus dem 18. Jh., die liebevoll restauriert wurden. Der Blick von der Aussichtsplattform an der Piazza Cozzaglio ist schwindelerregend. Man steht fast 400 m über dem Gardasee, und darunter fällt die Felswand steil ab. Freilich kann man diese beeindruckende Aussicht auch noch intensiver genießen. Entweder im Restaurant Miralago, da ist der Speisesaal quasi direkt an die Kante gebaut. Oder im Hotel Paradiso, einige Meter außerhalb von Pieve, lädt die »Terrazza del Brivido« zum Schaudern ein. Brivido, so heißt »Nervenkitzel« auf Italienisch.

Ein gut erhaltener Weg führt in etwa 45 Minuten wieder zum See hinunter. Manche Broschüren empfehlen diesen Weg als »Spaziergang«. Aber Vorsicht! Er ist nur für geübte, trittsichere Wanderer geeignet. Wer nicht schwindelfrei ist, sollte sich dieser Herausforderung nicht stellen.

Serpentinen

Von Campione zweigt eine äußerst eindrucksvolle, kurvenreiche Strecke von der Gardesana nach Pieve ab. Die extrem schmale Straße windet sich in endlosen Serpentinen auf Felsvorsprüngen, durch zahlreiche Tunnel und eine enge Schlucht den Berg hi-

Schwindelerregend ist die Fahrt nach Pieve (▶ S. 134), einem Teilort von Tremosine. Atemberaubend ist auch der Blick von den Schauderterrassen hinunter.

nauf. Teilweise haben keine zwei Autos nebeneinander Platz. Es kommt einem Psycho-Thriller gleich, wenn Camper oder Busse den Verkehrsschildern keine Beachtung schenken und dem Navi zum Trotz der Straße folgen. In einer Kurve wird ganz bestimmt auf Millimeter rangiert.

ESSEN UND TRINKEN

La Baita

Familia italiana – Typisch italienisches Restaurant, laut und hallig und nach deutschen Maßstäben eher ungemütlich. Aber alle können mit allen quer über den Tisch reden und speisen. Eine gute Küche mit großer Speisekarte. Besonders die dünnen, knusprigen Pizzen sind empfehlenswert.

Voltino | Via Dalco 3 | Tel. 03 65 91 80 12 | €€

Spaghetteria Bar da Nando

Pasta, Pasta, Pasta – Und die ist immer fresca! Das familiäre Lokal lädt ein, sich in den Genuss der besten Nudeln zu stürzen.

Villa di Tremosine | Vicolo Largo 10 | Tel. 03 65 95 12 30 | www.danando.gardasee.info | €€

DER NORDEN –
RAU, ABER SPORTLICH

Vor allem ist man aktiv hier im Naturparadies in der Segel- und Surfszene. Beim Klettern, Wandern und Mountainbiken kann man sich austoben, und das junge Publikum hat auch abends abwechslungsreiche Unterhaltungsmöglichkeiten.

Wind, Wasser und Fels bestimmen die Landschaft im Norden des Gardasees. Im Westen erheben sich fast senkrechte Felswände, im Osten ist es das Monte-Baldo-Massiv. Dazwischen hat sich die Sarca aus den Alpen herab ihren Weg gebahnt und eine kleine Ebene geschaffen, bevor sie den See füllt. Durch die Schneise des Flussverlaufs braust der Wind hindurch. Hier im Norden fühlen sich die Sportler und Aktiven zu Hause. Es gibt vermutlich keine Sportart, die es hier nicht gibt. Arco ist die Weltstadt des Freeclimbing: Hier findet jedes Jahr das »Rock Master Festival« statt. Ein internationaler Kletterwettbewerb, an dem Sportler aus der ganzen Welt teilnehmen. Und ein Erlebnis auch für die, die nicht klettern, bouldern oder climben (www.rockmasterfestival.com).

◀ Die Seepromenade in Riva del Garda
(▶ S. 137) lädt zum Ausspannen ein.

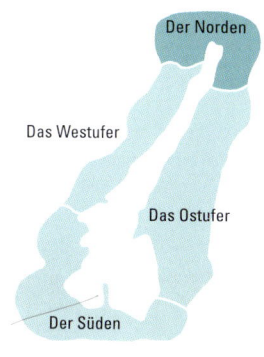

Der Norden

Das Westufer

Das Ostufer

Der Süden

Im Norden des Gardasees, dem Gardatrentino, wie er auch genannt wird, haben sich noch immer der Charme und das Erbe aus Zeiten der österreichischen K.-u.-k.-Monarchie erhalten. So wie im Südtirolerischen wachsen hier Weinreben und gibt es reiche Obstplantagen. Äpfel, Zwetschgen vor allem. Noch keine Zitronen, die gibt es erst ein paar Kilometer weiter südlich, in Limone sul Garda. Dafür ist die Nordseite des Sees noch zu rau und streng. Aber es ist eine bunte, lebensfrohe Seite, bei der das südliche Lebensgefühl schon anbrandet, wie die Wellen des Sees ans Nordufer.

SPORT UND KULTUR

Das zeigt sich beim »Garda Jazz Festival«, das 2000 aus dem kleinen, aber feinen Festival »Torbole Jazz« entstanden ist. Damals war das eines der ganz wenigen, exklusiven Jazztreffen Italiens. Heute bieten die Gemeinden am Nordufer drei Wochen Jazz vom Feinsten (www.gardajazz.com).

RIVA DEL GARDA E1

16 000 Einwohner
Stadtplan ▶ S. 139

Es ist eine bewegte, lebendige Stadt. Ein bunter Mix macht in der zweitgrößten Kommune am Gardasee – nur Desenzano ist größer – das Leben recht schön. Da gibt es heute die Vielfalt der Touristen, die von überall herkommen und alle möglichen Aktivitäten betreiben. Da gibt es die Vielfalt der geschichtlichen Einflüsse, die Riva prägte und den Ort zu einer Melange aus Nord und Süd werden lässt. Sport und Geschichte sind das Leitmotiv, das die Melodie von Riva prägt.

Zu Zeiten der Römer schon war Riva ein wichtiger Handelsplatz. Der Handel lief damals über die Wasserstraßen des Sees und so war Rivas Position ganz im Norden von großer Bedeutung. Riva war über die Jahrhunderte von allen Herrschern besetzt. Ob Trentiner, Veronesen, Mailänder oder die Venezianer: jeder erhob seinen Anspruch, denn wer Riva besaß, hatte Zugang zum See und konnte so den Handel kontrollieren. Bis 1919 gehörte Riva zu Tirol, wurde also von Österreichs Kaiser regiert. Dies brachte österreichische Touristen an den See, wie an den alten Grand Hotels zu sehen ist.

SEHENSWERTES

① Alter Bahnhof

Von 1891 bis 1936 führte eine Eisenbahnlinie nach Riva del Garda. Damit hatte sie direkten Anschluss an die Brennerbahnlinie. Im Bahnhofsgebäude sind noch Gleise erhalten. Historische Fotos zeigen das Leben von damals. Heute ist hier die Touristinfo untergebracht.

Viale F. Filzi

Wollen Sie's wagen?

Auf der Piazza Garibaldi wartet in einem alten Palazzo eine Reptilienausstellung auf Besucher. Es soll eine gute Ausstellung sein, sagen die, die sich Schlangen, giftige und ungiftige, gerne anschauen. Auch anderes Getier, wie Spinnen und Skorpione ist zu sehen.

www.reptiland.it

---

② La Rocca

Der Grundstein zur Festung wurde bereits 1124 gelegt. Damals erhielten die Bürger aus Riva die Genehmigung dazu vom Bischof. Die Wasserburg wurde zu Beginn des 16. Jh. eine der Residenzen der Fürstbischöfe. Die K.-u.-k.-Monarchie funktionierte die mittelalterliche Festung zu einer Kaserne um. Heute ist in der Festung ein Museum untergebracht, das neben der Stadtgeschichte auch sehenswerte Kunstausstellungen präsentiert.

Piazza C. Battisti, 3/A | Tel. 04 64 57 38 69 | www.museoaltogarda.it | März–Mai und Okt.–3. Nov. 10–18 Uhr, Mo geschl., Juni–Sept. tgl. 10–18 Uhr,

4. Nov.–26. Dez. geschl. | Eintritt 3 €, ermäßigt 1,50 €

③ Palazzo Pretorio

Vermutlich haben die Scaligeri das Palais im 14. Jh. erbaut. Unter seiner Loggia fand die Gerichtssitzung statt. Der Stadtvogt waltete seines Amtes.

Piazza III Novembre

④ Santa Inviolata

Die Kirche Inviolata ist das berühmteste Monument von Riva. Außen ist der Bau ein Quadrat, innen ein Oktogon und mit beeindruckenden Fresken und Stuckarbeiten, holzgeschnitzten Beichtstühlen und Marmorböden ausgestattet. Hinter dem Hochaltar befindet sich ein Bild der wundertätigen Madonna. Über Jahrhunderte gehörte die Kirche Klostergemeinschaften. Heute ist sie in Gemeindebesitz.

Zwischen Viale Roma und Viale Baruffaldi

⑤ Santa Maria Assunta

Die Pfarrkirche Santa Maria Assunta erhebt sich in der Stadtmitte von Riva del Garda und blickt auf die große Piazza Cavour. 1106 ist sie das erste Mal erwähnt, 1728 wird sie als Barockkirche neu errichtet. Zahlreiche Barockaltäre mit Ornamenten und Stuckarbeiten sind sehenswert.

Piazza Cavour

⑥ Torre Apponale

Der Turm erhebt sich mit seinen 34 m an der Ostseite der Piazza III Novembre. Im Mittelalter war er Wachturm über den Hafen. Zu Beginn der Neuzeit wurde er aufgestockt. Anfang des Jahrtausends wurde er restauriert. Nun besteht von März bis Oktober die Mög-

lichkeit, seine 165 Stufen zu erklimmen und von der Turmspitze aus die Aussicht zu genießen.

Piazza III Novembre | Tel. 04 64 57 38 69 | www.comune.rivadelgarda.tn.it/museo | März–Mai Di–So 10–18, Juni–Sept. tgl. 10–18 Uhr | 2 €, unter 16 frei

Wasserkraftwerk Ponale

▶ S. 139, südl. b 2

Wer etwas weiter entlang an der Seepromenade läuft, sieht ein imposantes Bauwerk und mächtige Rohre, die aus dem Berg in den Boden führen. Es ist das Wasserkraftwerk Ponale. Ende der 1920er-Jahre wurde es errichtet. Es nutzt das Wasser des Ledrosees zur Energiegewinnung. Es ist eines der größten Italiens. Das Wasser stürzt mehrere hundert Meter unterirdisch bzw. über vier Röhren in den Gardasee. Seinerzeit waren die Turbinen des Wasserkraftwerks die größten der Welt. Das Projekt geht auf Giancarlo Marconi zurück, der auch das Vittoriale von D'Annunzio entworfen hat. Der erzeugte Strom speist auch das kommunale Verteilernetz.

Südl. der Piazza Catena | www. gardatrentino.com

ÜBERNACHTEN

Bellariva ▶ S. 139, östl. c 2

Zwischen Wind und Wellen – Das Haus liegt nahe zum Surfcenter, ist nur durch eine Liegewiese vom Strand getrennt. In die Altstadt kann man von hier aus auch schnell spazieren. WiFi, schöner Garten am See und ein Lokal mit landestypischen Speisen. Und alle sind freundlich.

Via Franz Kafka 13 | Tel. 04 64 55 36 20 und 04 64 55 74 74 | www.hotelbellariva. com | 30 Zimmer | €€

7 Lido Palace

Moderner Lifestyle – Das »Lido« war 1899 bei seiner Eröffnung ein großer Erfolg. Nun wurde das Haus renoviert und mit einer genialen neuen Architektur ergänzt. Der Architekt Alberto Cecchetto hat Altes mit Neuem so verbunden, dass ganz neue Raumerlebnisse entstehen. Glas, Metall und Marmor schaffen mit dem alten Entree des Belle-Époque-Hotels eine gelungene Verbindung.

Viale Carducci 10 | Tel. 04 64 02 18 99 | www.lido-palace.it | 42 Zimmer | €€€€

Luise Feelinghotel ▶ S. 139, östl. c 2

Feel good – Ein Hotel wie ein iPod oder Smartphone: praktisch, unverzichtbar und schick. Die Zimmer sind modern, die Küche gut, im Garten gibt es einen Pool. Das Ambiente spielt ein wenig mit der Reiselust. Man muss nicht, kann aber gut mit den jungen, häufig wechselnden Rezeptionisten plaudern. Oder aber einfach sein Ding machen.

Viale Rovereto 9 | Tel. 04 64 55 08 58 | www.hotelluise.com | 67 Zimmer | €€

ESSEN UND TRINKEN

8 Ristorante Pizzeria Leon d'Oro

Der goldene Löwe – In einem verträumten Gässchen, das die Stadtmauern mit dem Hafen von Riva verbindet, liegt dieses Restaurant. Familie Salvaneschi führt es bereits seit 1939. Exzellente Küche, beste Weine aus der Region verwöhnen den Gast. Außerdem werden sieben verschiedene Appartements mit WiFi angeboten (€€).

Via Fiume 28 | Tel. 04 64 55 23 41 | www.leondororiva.it | €€

Das Grand Hotel Lido Palace (▶ S. 17) in Riva del Garda ist eine äußerst gelungene Mischung aus neu und alt, traditionell und trendy, stilvoll und stylish.

EINKAUFEN

Ein Bummel durch die Gassen rund um die Piazza Garibaldi und die Piazza III Novembre macht bestimmt Freude. Boutiquen mit allem, was man(n) und frau braucht, gibt es hier. Kunsthandwerk und Design, Modeschmuck und Juwelen, schöne Klamotten zu kleinem Preis und große Labels – es ist alles zu haben.

LEBENSMITTEL

Corte del tipico ▶ S. 139, nördl. b 1

Olivenöl und Wein bietet der »Corte del tipico«.Dieses moderne Schlaraffenland war einmal eine Kooperative, die einen hübscheren Laden haben wollte, um ihre Produkte besser zu vermarkten. Seit 2012 gibt es nun den Corte oder »die Verkaufsstelle«, wie die Betriebe es nennen. Es ist ein gelungener Mix aus Eleganz und Landleben. Und ganz nebenbei gibt es das Beste vom Besten aus der Region: Wein, Olivenöl, Salami, Honig, Schokolade, Käse, eben alle typischen Trentiner Produkte zum Kennenlernen, Verkosten und Einkaufen.

Agraria Cantina e Frantoio | Via S. Nazzaro 4 | Tel. 04 64 55 21 33 | www. agririva.it | Mo–Sa 8.30–12.30, 15–19 Uhr, Sonntag im Sommer 8.30–12.30 Uhr

Markt

Markttag ist der 2. Mittwoch des Monats, in der Hochsaison auch noch der 4. Mittwoch eines Monats. Mehrere Standorte in Riva.

KULTUR UND UNTERHALTUNG

Riva del Garda ist bekannt für seine zahlreichen Veranstaltungen und Feste, die das ganze Jahr über stattfinden.

Am bekanntesten ist die »Notte di Fiaba«, die Märchennacht. Die Veranstaltung ist immer am letzten Augustwochenende. Dann verwandelt sich die Stadt in ein Märchenland. Bis zu 60 000 Besucher wurden bereits gezählt. Höhepunkt dieses Festes ist ein großartiges Feuerwerk.

Auch die »Magic night« Anfang August, ein Event, das auf Straßenkünstler und Spektakel setzt, ist ein Erlebnis und einen Besuch wert.

www.nottedifiaba.it, www.garda trentino.ist

SERVICE

AKTIVITÄTEN

Mountainbike auf der Strada del Ponale

Es war die erste Straße, die zum Ledrosee hinaufführte und damit eine Verbindung zum Gardasee schuf. 1847 wurde sie durch Felsen gesprengt und in zahlreichen Serpentinen gebaut. Für Autos ist sie schon lange gesperrt. Der Blick auf den See ist berauschend. Der alte Name der Straße lautet »Sentiero del Ponale di Giacomo Cis«, in modernen Karten oder Navigationsgeräten findet man sie auch unter dem Namen »Alpiner Höhenweg D01«. Natürlich ist die Straße von Riva zum Ledrosee auch eine schöne Tour für Wanderer. Nur die Kombination Wanderer und MTB auf einer Straße ist manchmal ziemlich abenteuerlich!

AN- UND ABFAHRT

Mit dem Schiff statt im Stau

Den See einmal mit dem Auto umrunden, freilich geht das. 160 km sind es, wer einmal die Gardesana orientale hinunter und die Gardesana occidentale wieder herauf nach Riva fahren mag. Wer wirklich etwas sehen will von der anderen Seite des Sees, sollte lieber eine Übernachtung einbauen, denn die Strecke ist einfach viel befahren. Gerade im Sommer. Für die, die es bequemer haben wollen, bietet die Schiffsfähre einen Ausweg. Da die Fahrpläne in jeder Saison neu rauskommen, sollte man sie am besten vorher im Internet downloaden oder sich im Touristbüro informieren.

Navigarda

Alle Fähren und Ausflugsdampfer.

www.navigazionelaghi.it

AUSKUNFT

Ingarda Trentino Azienda per il Turismo

Largo Medaglie d'Oro al valor Militare 5 | Riva | www.Gardatrentino.it

KINDER

Kinder überall und über alles. Das Klischee vom kinderfreundlichen Italien wird voll erfüllt. Während im Süden die Kids einfach mitlaufen, kümmert man sich im Norden mit besonderem Service um Familien mit kleinen Kindern. Reservierte Parkplätze, eingerichtete Bereiche zum Stillen, Kindersitze für den Bike-Sharing-Service, Fahrrad- und Fußwege, die auch mit dem Kinderwagen genutzt werden können: Das sind neue familienfreundliche Angebote. In Riva gibt es kleine Holzfertighäuser mit Sesseln zum Stillen, Wickelkommode und Spieltisch. Es gibt Flaschenwärmer und Wasserkocher, Abfalleimer für Windeln, Desinfektionsspender und Einmaltücher. Der Service ist kostenlos.

Spiaggia di Sabbioni (Schlüssel gibt es in der Bar Sabbioni) und Giardini di Porta Orientale (Schlüssel bei der Polizei), www.gardatrentino.it/it/vacanze-bambini-lago-di-garda

Ziele in der Umgebung

◎ **ARCO** 🌿 E1

14 000 Einwohner

Im Süden blickt die Stadt auf den Gardasee und im Norden schützen sie die Berge. Auf steilem Fels thront eine mächtige Burganlage. Unten schmiegt sich das hübsche Städtchen an. Der Charme der K.-u.-k.-Monarchie ist im Stadtbild von Arco an jeder Ecke erhalten. Alte Villen, Parks und Kirchen geben der Stadt ein ganz eigenes Flair.

6 km nordöstl. von Riva

SEHENSWERTES

Arboreto

Das Arboretum von Arco ist ein »Baumgarten«, dessen Gewächse aus allen Kontinenten stammen. Auch die exotischeren Bäume können hier wurzeln, weil das Klima recht mild ist. Der Park wurde 1872 von Erzherzog Albert von Habsburg, dem Cousin von Kaiser Franz Joseph II., gegründet und ist Teil des erzherzoglichen Parks. Majestätische Steineichen und große Nadelbäume, u.a. die Zypresse von Lawson und die enorme Sequoia stammen noch aus der Zeit des Erzherzogs. Der erzherzogliche Palast ist in Privatbesitz und nicht zu besichtigen.

Via Fossa Grande | Okt.–März tgl. 9–16, April–Sept. tgl. 8–19 Uhr | Eintritt frei

Casino Arco

Was heute ein Konferenzzentrum ist, war ursprünglich ein Festsaal für den

Blick über den Burgberg bei Arco (▶ S. 142) auf den Gardasee. Die Burgruine über dem netten Städtchen mit ihren wertvollen Fresken kann besichtigt werden.

europäischen Adel. Das österreichische Kaiserhaus verbrachte in der zweiten Hälfte des 19. Jh. gerne den Winter hier. Die wunderschöne Veranda kam 1900 hinzu, der Blick führt von da auf die Kurpromenade mit ihrem hübschen Musikpavillon. Sehenswert sind auch der Globus und die Windsäule, die den Gästen Auskunft über die Wetterlage gab.
Via delle Palme

Castello

Auf 270 m erhebt sich der Fels über der Sarca-Ebene, auf dem die Burgruine thront. Der Bau entstand wohl bereits im 6. Jh. und wurde dann um 1200 richtig erweitert. Albrecht Dürer war im Jahr 1495 hier und hielt die damals noch intakte Burg für die Nachwelt in einem interessanten Bild fest.

Die Geschichte der Burg war über die Jahrhunderte mit vielen kriegerischen Auseinandersetzungen erfüllt. Die Familie derer von Arco, die »Allod«, wird als ziemlich intrigant, blutrünstig und machtgierig geschildert. Mord und Verrat gehörten zum Alltag. 1703 nahmen die Franzosen im Spanischen Erbfolgekrieg die Burg ein. Danach verfiel sie zur Ruine. Restaurierungsarbeiten bringen immer wieder interessante Funde ans Tageslicht. Es gibt wertvolle Fresken in der Sala degli Affreschi, die Szenen des Kampfes, aber auch des Schachspieles abbilden. Außerdem kann man das Gefängnis, den großen Turm und zahlreiche Zimmer besichtigen. 1927 kaufte die Gräfin Giovanna d'Arco, Marchesa von Bagno, das Schloss, 1982 ging es wieder in den Besitz der Gemeinde Arco über.

Von Arco geht man in ca. 20 Minuten hinauf zur Burg. Der brandneue dreisprachige Audioguide (2,50 € für 2 Personen) ist zu empfehlen.

Via Castello | Tel. 04 64 51 01 56 | www.comune.arco.tn.it/conoscere/Beni_artistici_e_monumentali | März und Okt. 10–17, Apr.–Sept. 10–19 Uhr, Winter eingeschränkte Öffnungszeiten | Eintritt 3,50 €, ermäßigt 2 €

Giardini

Die Stadtgärten wurden in den 1970er-Jahren angelegt, um zur Verschönerung des im Aufstieg begriffenen Luftkurorts beizutragen. Sie haben einen außerordentlichen Reichtum von Gewächsen vorzuweisen. Eine Himalaya-Zeder bildet den Mittelpunkt, um den sich dann ein angenehmer Englischer Garten entfaltet.

Palazzo Marchetti

Dieses Palais war Wohnsitz der Grafen von Arco und entstand vermutlich zwischen dem 15. und 16. Jh. Es zählt zu den interessantesten historischen Palais von Arco, sowohl wegen seines Baustils als auch wegen der Verzierungen im Innen- und Außenbereich. Eigenartig sind die Schornsteine aus Terrakotta. Unter dem Dachfirst verläuft ein Freskenband aus dem 16. Jh. mit Motiven aus der Mythologie.

Piazza Marchetti

Palazzo Nuovo

Das Palais wurde im 18. Jh. erneut nach alten Plänen gebaut. Bereits zuvor, 1462, stand hier die Residenz der Grafen von Arco und war der Sitz für Verwaltung und Gerichtsbarkeit. Das Portal mit spitzwinkeligem Bogen ist mit

Blick hinauf von Arco auf den Burgberg. Die Kirche Santa Maria Assunta (▶ S. 145) stammt aus dem Jahr 1613 und ist auch innen sehr sehenswert.

größter Wahrscheinlichkeit auf das ursprüngliche Bauwerk zurückzuführen. Im Scheitelstein ist das erste Emblem der Herren von Arco eingemeißelt. Heute ist es das Stadtwappen.

Piazza III Novembre

Porta Stranfora und Stranforio

Das Stadttor verbindet die Via della Fossa mit dem mittelalterlichen Stadtteil Stranforio. Die Straße führt auch zur Burg hinauf. Am Tor sind noch die Vorrichtungen für die Zugbrücke zu sehen. Das Viertel hat hübsche Häuschen, Gässchen und Flure. Der große Platz im Zentrum war einmal ein Waschplatz.

Via della Fossa

Kastanienwälder

Kastanien sind eine Köstlichkeit aus stacheliger Schale. Ein Spaziergang durch den Kastanienwald von Braila, zwischen Drena und Arco, erfüllt mit Kraft und guter Energie. Die mächtigen Kastanienbäume vermitteln eine angenehme Ruhe (▶ S. 15).

Santa Maria Assunta

Die Stiftskirche ist eine der bedeutendsten Kirchen der Trentiner Renaissance. Die alte Pfarrei im romanisch-gotischen Stil dominiert das Bild der gesamten Altstadt. Erstmals 1144 wurde sie erwähnt, 1613 wurde sie neu erbaut. Die vierzehn mächtigen Strebepfeiler, die die Aula und den Glockenturm tragen, verleihen der Kirche eine große Stattlichkeit. Das imposante Kirchenschiff hat acht Seitenaltäre. Gemälde von Domenico Brusasorci machen die Kirche für Kunstliebhaber besonders.

Collegiata di S. Maria Assunta | Piazza Canoniche 6 | Tel. 04 64 51 63 14 | www.parrocchiadiarco.it | 8–19 Uhr für Besucher geöffnet

ÜBERNACHTEN

Agrivivere

Landlust der Zukunft – Das hier als Agriturismo, also Zimmer auf dem Bauernhof zu bezeichnen, ist völliges Understatement. Das ist die gelungene Neuinterpretation des Landlebens. »Vivere« ist der ideale Ausgangspunkt für zahlreiche Touren. Vier Suiten mit Kochnische und zwei Junior Suiten, alle mit privatem Eingang und Garten, verfügen über den modernsten Komfort.

An kühlen Abenden warten im Living Room ein offener Kamin und gute Musik auf die Gäste. Ach so – und der Wein ist natürlich vom eigenen Weinberg und selbst gekeltert.

Via Epifanio Gobbi | Tel.04 64 51 47 86 | www.agrivivere.com | 6 Suiten | €€€€

Pace

Direkt im Herzen der Altstadt – Entspanntes und entspannendes Ambiente. Gut für alle, die am Gardasee sportlich unterwegs sind und dann einfach relaxen möchten. Außerdem zentral gelegen, von der Autobahn ist man in nur 20 Minuten da und nach Riva braucht man gerade mal fünf Minuten. Parken kann man kostenlos auf einem Parkplatz in unmittelbarer Nähe des Hotels.

Via Vergolano, 50 | Tel. 04 64 51 63 98 | www.hotelpace.net | 15 Zimmer | €€

ESSEN UND TRINKEN

RESTAURANTS

Piccola Dallas 👫

Pizza ganz anders – Etwas außerhalb, mit einem riesigen Spielgarten für Kids, ausgestattet mit einem Abenteuerturm und galoppierenden Playmobil-Pferden.

Loc. Giare 1b | Tel. 0 46 45 32 02 | www. piccoladallas.it | €€

Ristorante Alla Lega ▶ S. 30

Ristorante il Ritratto

Küche und Ambiente gut – Im Gewölbe wird ausgezeichnetes Essen serviert. In Deutschland oder Österreich hieße dies gutbürgerliche Küche, hier ist es gute norditalienische Küche. Trentiner Speisen aus Fisch oder Fleisch, manchmal mit einer Prise Crossover-Küche gemixt. Garnelen mit Ingwer und Fenchel als Antipasti schmecken besonders lecker!

Via Ferrera 30 | Tel. 04 64 51 29 58 | www.ristoranteilritratto.it | €€–€€€€

EINKAUFEN

In Arco konzentriert sich der Einkaufsbummel auf die Läden im historischen Zentrum zwischen der Via Vergolano und Via Sargantini. Es gibt hoch spezialisierte Kletter- und Sportbekleidungsgeschäfte. Die Beratung und die Qualität in den Läden sind einfach super. Natürlich gibt es auch »normale« Kleidung und Schuhe zu kaufen.

LEBENSMITTEL

Brunnenwasser

Mit oder ohne Kohlensäure? Mitten in der Stadt Arco stehen moderne Brunnen. Da kann man sich mit einer Chipkarte Wasser holen, eben mit oder ohne Kohlensäure. Der Liter kostet 0,05 €, die Karte 5 € Gebühr. Die Karte gibt es bei Händlern direkt in der Nähe des Brunnens. Ein Aufkleber »Le Case dell' acqua« weist auf sie hin.

Olio CRU Consorzio

Natives Olivenöl von der Ölmühle.

Via Aldo Moro 1 | Tel. 04 64 71 53 44 | 9.30–12.30 und 14.30–19.00 Uhr

SCHUHE

Supermarket della Calzatura

Der Name ist Programm: Es ist ein Supermarkt für Schuhe und allerlei Accessoires.

Via Santa Caterina 78 | Tel. 04 64 51 48 07 | www.supermarketcalzaturadro.it

SPORTEQUIPMENT

Ambiente Acqua di A. Fronchetti & Co.

Ein Hotspot für Taucher. Alles, was unter Wasser nötig ist. Auch Kurse und PADI-Ausbildungen.

Vvia Sant'Anna 19 | Tel. 04 64 51 03 66 | www.ambienteacqua.com

Gobbi Sport Mountain Shop

Karabiner, Seile, Rucksäcke – alles, was der Mensch am Berg braucht. Die große Fülle in den Regalen macht schon atemlos, wie soll man dann noch auf die Gipfel schnaufen?

Via Segantini 72 | Tel. 04 64 53 25 00 | www.gobbisport.it

WEIHNACHTSMARKT

Ein Besuch in Arco kurz vor Weihnachten ist tatsächlich ein Erlebnis. Wer deutsche oder österreichische Christkindlmärkte nur noch als Fressbuden-Event empfindet, kann in Arco wohltuend anderes erleben. Hübsche handgefertigte Dinge wie Filzpantoffeln, Kissen, Schnitzereien gibt es hier. Außerdem Olivendtände, die eingelegte Oliven, Olivenpaste, Oliven in Salzlake oder in anderen raffinierten Marinaden anbieten. Genauso gibt es Stände, die Backwerk anbieten. Manche Biscoti sind mit Olivengeschmack. Es ist eine andere Art Advent zu feiern und eher noch die »staade Zeit«!

www.gardatrentino.it

SERVICE

AKTIVITÄTEN

Radweg durchs Sarca-Tal

Von Arco aus lässt sich eine schöne Fahrradtour unternehmen, die auch nicht zu anstrengend ist. Die Strecke führt in weiten Teilen flussaufwärts an der Sarca entlang, ins malerische Dörfchen Dro (▶ S. 148). Dro ist sehenswert. Wer weiter Richtung Norden radelt, kommt durch das Naturreservat Marocche di Dro, eine interessante Steinlandschaft. Ziel der Tour kann das Castel Toblino sein. Man kommt bereits an dem kleinen Lago Toblino (▶ S. 150) vorbei, wenn man vom Norden von der Autobahn anreist. Das Castel Toblino hat eine besondere Aura, denn oft heben sich Nebelschleier aus dem See um die Burg.

Genaue Routen-Information gibt es bei der Touristinformation, die ein extra »Bike«-Heft mit Rundkursen bieten oder auch unter www.gardatrentino.it/outdoor.

🕐 Besonders schön sind Radtouren im Mai – es ist noch nicht zu heiß und die Bergwiesen blühen prächtig!

Im Sarca-Tal (▶ S. 147) kann man wunderschöne Radtouren machen. Von Arco flussaufwärts am Fluss entlang kommt man nach Dro und in das umliegende Naturreservat.

Im Lago di Ledro auf 655 m Höhe wurden Reste von Pfahlbauten aus der Bronzezeit gefunden, die heute im Museum von Molina di Ledro (▶ S. 150) zu besichtigen sind.

◎ CASCATA DEL VARONE 🚩 E 1

Ein imposanter Wasserfall ist die »Cascata«, er rauscht in einer Grotte in die Tiefe. 1874 wurde der Zugang unter Anwesenheit der damaligen Hautevolee feierlich eröffnet. Die zwei Aussichtsplattformen gehörten bis in die erste Hälfte des 20. Jh. zu den absoluten touristischen Höhepunkten des Gardasees – selbst Kaiser Franz Joseph war hier zu Besuch. Auf dem Gelände liegt auch ein botanischer Garten mit einheimischen Gewächsen.

Tenno | Via Cascata 12 | Tel. 04 64 52 14 21 | www.cascata-varone.com | Jan., Feb. nur So und Feiertage 10–17, März 9–17, April 9–18, Mai–Aug. 9–19, Sept. 9–18, Okt. 9–17, Nov, Dez. 10–17 Uhr nur So, Feiertage und Weihnachten | Eintritt 5,50 €, ermäßigt 4 €
4 km nördl. von Riva

◎ DRO 🚩 nördl. E 1

4000 Einwohner

Mittelalterliche Torbögen, Portale und Türme prägen den Ort im Sarcatal. Es dürfte eine der ältesten Siedlungen zwischen dem Garda- und dem Toblinosee sein. Eine Stadtführung ist durchaus interessant.

Auch die Umgebung von Dro ist beeindruckend, da sich nahezu wüstenartige Landschaften und Gebiete mit üppiger Vegetation abwechseln. Auf der einen Seite der Region sieht es ein bisschen so aus, als ob Asterix und Obelix hier ihr Hinkelsteinlager hätten. Diese Felsblöcke von gigantischem Ausmaß, die Marocche, stammen aus der Eiszeit. Es sollen die größten Formationen dieser Art in Europa sein. Die Region ist heute geschützt und als Naturreservat ausgewiesen.

Auf der anderen Seite finden sich Obst- und Weinplantagen. Die Pflaumen von Dro sind unter Genießern weltberühmt. Und, hier wachsen die Trauben, die für den Vino Santo benötigt werden. Aus getrockneten Nosolia-Trauben wird hier traditionell in der Karwoche der Heilige Wein gekeltert. Meist kommt dieser oft süße (dolce), manchmal halbsüße (amabile) und auch trockene (secco) Süßwein aus der Toskana und ist nördlich der Alpen dann als Vin Santo bekannt. Er wird in Italien gerne als Messwein verwendet, kommt aber auch oft bei Festen wie Hochzeiten und Taufen zum Einsatz.

Auch die Kunst und Kulturszene ist in Dro ziemlich lebendig, seit im ehemaligen Wasserkraftwerk von Fies ein Schaffenszentrum für zeitgenössische Kunst untergebracht wurde. Jedes Jahr findet hier das Drodesera Festival statt, das vor allem Performance-Künstler einlädt.

www.gardatrentino.it/de/drodesera-dro-garda-trentino-gardasee

12 km nordöstl. von Riva

SEHENSWERTES

Crossodromo »Il Ciclamino«

Ein ganz eigenes Flair hat diese Location. Bei Dro befindet sich eine überregional bedeutende Motocross-Strecke. Hier fanden 2009 die Weltmeisterschaften statt. Die Streckenführung und die Bodenbeschaffenheit machen den Parcours so besonders. Die Strecke ist 1660 m lang. Auch wer nicht selbst Motocross fährt, kann hier mal ein bisschen Rennfahrerfeeling und Benzinluft schnuppern.

Loc. Pietramurata | Tel. 04 64 50 73 17 | www.motoclubarco.net

ÜBERNACHTEN

Agritur Calvola ▶ S. 24

◎ LAGO DI LEDRO   ⚑ D 1

Der hübsche Alpensee liegt auf 655 m Höhe zwischen Gardasee und Lago d'Idro. Die Gemeinde Ledro gibt es erst seit 2010, sie ist ein Zusammenschluss aus den Dörfern Molina di Ledro, Pieve di Ledro und Mezzolago. Der See war bis zu Beginn des letzten Jahrhunderts nur über einen schmalen Eselspfad erreichbar. Erst mit der Nutzung der Wasserkraft wurde die Infrastruktur durchs Val de Ledro geschaffen. Heute gibt es alles, was Touristen brauchen. Es ist aber deutlich ruhiger als unten am Gardasee. Der Lago di Ledro macht dem Gardasee eine genussvolle Konkurrenz. In dem tiefblauen Bergsee lässt sich an mehreren kleinen Badestränden wunderbar picknicken. Die Zutaten für den Gaumenschmaus braucht man nicht aus dem Supermarkt mitzubringen, sondern kann sie in den umliegenden Geschäften und Hofstellen kaufen. Hirschsalami, Mortadella und »carne salada«, Kuh- und Ziegenkäse, »focacce salate« – nur ein paar Köstlichkeiten, die rund um den See hergestellt werden.

10 km westl. von Riva

Picknick am Ledrosee

Hier oben schmeckt ein Picco Rosso besonders gut. Das ist ein Likör aus Erdbeere und Himbeere. Man kann ihn auch gut mit Prosecco aufgießen und so seinen eigenen Picknick-Sprizz erfinden (▶ S. 15).

MUSEEN UND GALERIEN

Museo delle Palafitte del Lago di Ledro

Eine archäologische Sensation machte den Ledrosee berühmt: 1929 senkte man den Seespiegel für den Anschluss an das Kraftwerk in Riva del Garda ab. Und fand auf dem Grund des Sees ein riesiges Heer von in den Boden gerammten Pfählen. 15 000 sollen es gewesen sein. Es sind Reste von Pfahlbauten, errichtet etwa in der Zeit um 2000–1500 v. Chr. Im Pfahlbaumuseum kann die Geschichte dazu besichtigt werden. Ein ca. 4,50 m langer und 75 cm breiter Einbaum, ein Modell des bepfählten Seeabschnittes und naturgetreu wiedererrichtete Pfahlbauten sind zu sehen. Vermutlich war das Dorf in den See gebaut, zum Schutz vor wilden Tieren und zur Optimierung des Fischfangs.

Molina di Ledro | Via al Lago 1 | Tel. 04 64 50 81 82 | www.palafitteledro.it | März–Juni 9–17, Mo geschl., Juli–Aug. 10–18, Sept.–Nov. 9–17 Uhr, Mo geschl.

ESSEN UND TRINKEN

Locanda Tre Oche ▶ S. 30

EINKAUFEN

METZGEREI

Macelleria Zecchini

Alles fürs Picknick.

Bezecca, Ledro | Piazza Obbedisco 9 | Tel. 04 64 59 11 18

MILCHPRODUKTE

Azienda Agricola Mora Giuliano

Nicht nur der Käse schmeckt gut.

Bezecca, Ledro | Via Guella 9 | Tel. 34 87 51 59 41 | www.valledledro.com/moragiuliano

SPIRITUOSEN

Farmacia A. Foletto

Nur mit Voranmeldung.

Pieve di Ledro | Via Cassoni 3 | Tel. 04 64 59 10 38 | www.foletto.net

SERVICE

AUSKUNFT

Touristbüro

Ledro | Via Nuova 7 | Tel. 04 64 59 12 22 | www.valledledro.com

◎ LAGO DI TENNO   nördl. E 1

Smaragdtürkis – so strahlt das Wasser des Tennosees. Er liegt auf 570 m Höhe. Hinter Riva führt eine Serpentinenstrecke hinauf. In etwa einer Stunde läuft man um den See herum. Hübsch, ruhig und schön. Wenige Meter oberhalb des Sees lädt das Restaurant »Mama Giosi« ein, auf der Terrasse einen Sprizz zu nehmen. Im Club Hotel Lago (www.clubhoteltenno.com) lässt sich auch gut pauschal urlauben.

10 km nördl. von Riva

◎ LAGO TOBLINO   nördl. E 1

Am Ende des Valle de Laghi gibt es den hübschen Lago Toblino und das Castel Toblino. Im 12. Jh. wurde die Anlage errichtet, heute ist sie im Privatbesitz. Sie stand wohl ursprünglich auf einer kleinen Insel im Toblinosee. Als dessen Wasserspiegel sank, wurde sie zur Halbinsel. Möglicherweise ging der Bau aus einem antiken Tempel hervor. So wie die Burg nun steht, wurde sie im 16. Jh. erbaut. Wie bei jedem ordentlichen Schloss gibt es auch Schlossgeister. Zwei unglücklich Verliebte, die im See ertranken, machen sich zu Vollmond bemerkbar.

25 km nördl. von Riva

ESSEN UND TRINKEN

Castel Toblino

Ausgezeichnet – Im Restaurant Castel Toblino kann man ausgezeichnet essen und noch besseren Wein trinken. Es wurde mit einer Rose des »Gambero rosso« ausgezeichnet.

Sarche Trento | Via Caffaro 1 | Tel. 04 61/86 40 36 | casteltoblino.com | €€€€

TORBOLE ⚑ E1

2800 Einwohner

Stadtplan ▶ S. 153

Wind und Wellen machen Torbole zum Tor ins Paradies für Surfer. Es ist der Hotspot Europas in der Surfer-Gemeinde. An jeder Ecke gibt es Geschäfte mit Boards und Equipment. Ideale Bedingungen herrschen fast das ganze Jahr über. Falls es mal wirklich zu wenig Wind hätte, dann lässt es sich von hier aus auch perfekt mit dem Mountainbike auf die umliegenden Berge schnaufen.

Die Community gibt sich lässig, locker. Es ist das Dolcefarniente unserer Zeit – endlich den Körper arbeiten lassen, wenn der Alltag schon in Konzernbüros oder an der Uni rasten muss. Torbole und seine außergewöhnlichen Winde beschrieb übrigens bereits Goethe.

Der Ort hat viel zu bieten, muss aber auch viel erdulden. Dank der vielen Besucher und der Lage steht er im Sommer beinahe permanent nahe am Verkehrskollaps. Die Hauptstraße, die dann zur Gardesana occidentale wird, schneidet den Ort in zwei Hälften. Die junge Hälfte ist direkt am See, die ruhigere Hälfte zieht sich hinauf in die Berge. Doch eine weitere Zubrin-

Der Gardasee bei Torbole (▶ S. 151) ist das Lieblingsziel aller Windsurfer. Der Wind ist zuverlässig, und für Anfänger und Fortgeschrittene gibt es gute Surfschulen.

gerstraße zur Autobahn sorgt auch da im Sommer für Stau-Erlebnisse.

Wollen Sie's wagen?

Trauen Sie sich, in eine immer tiefere Schlucht einzusteigen? Mit kurzen Schwimmpassagen, Sprüngen und Rutschen? Und dabei richtig nass zu werden? Wer einmal ins Canyoning hineinschnuppern möchte, für den ist dies die ideale Tour. Einfach, aber abwechslungsreich. Und macht vielleicht Lust auf mehr.
www.canyonadv.com

SEHENSWERTES

❶ Casa del Dazio

Auf einer Mole im Hafenbecken steht ein kleines Zollhaus aus der Zeit der K.-u.-k.-Monarchie. Bis zum Ersten Weltkrieg verlief die Grenze zwischen Italien und Österreich hier. Die Ursprünge des Häuschens liegen vermutlich noch weiter zurück, da ein Relief an der Außenmauer an die venezianische Zeit erinnert. In den Sommermonaten wird das Zollhaus zum Teil als Bar genutzt. Es befindet sich heute im Privatbesitz.

❷ Colonia Pavese und Santa Maria al Lago

Was heute ein Gemeindehaus ist, wurde 1906 als Luxushotel der Belle Époque gebaut. Das Grand Hotel Torbole war erste Adresse am Gardasee, bis es nach der Wirtschaftskrise in den 1930er-Jahren zu einem Sanatorium für Kinder umfunktioniert wurde. Damals, 1939, entstand auch die Kirche

Santa Maria al Lago. Sie ist heute die Kirche der Pfarrei Torbole.

❸ Goethe und der Gardasee

In Torbole erinnert eine Inschrift neben dem kleinen Brunnen von Fernando Cian an Goethes Aufenthalt im Jahr 1786. Der Gardasee war der Auftakt zu Goethes »Italienischer Reise«, die später in die Literaturgeschichte einging. Goethe war sozusagen im Burnout, als er die Flucht aus Weimar antrat. Er war zwar Minister im kleinen Herzogtum, aber es hatte ihn eine tiefe Sinnkrise erfasst. Obwohl seine »Leiden des jungen Werthers« ein Bestseller waren, kam er vor lauter Verwaltungsarbeit nicht dazu zu leben und zu schreiben. Er hatte zwar die Karriereleiter erklommen, aber mit der Liebe in seinem Leben klappte es einfach nicht. Seine Beziehung zu Charlotte von Stein war anstrengend, platonisch und frustete ihn. Der große Liebhaber, der wissende Magier und Lebenskünstler, als der er später in die Geistesgeschichte eingeht, wird er erst nach seiner Auszeit in Italien. Ohne irgendjemandem auch nur ein Wort zu verraten, genehmigt er sich selbst ein Sabbatical-Jahr und verschwindet nach Italien, in das Land seiner Träume. Er kennt es aus den Reisebeschreibungen seines Vaters und träumt davon, die antiken Kunstschätze und italienischen Landschaften endlich selbst zu sehen. »Wiedergeboren« kehrt er zurück, wie er schreibt. Das wichtigste Erlebnis, das sich für Goethe an Torbole knüpft, war die Wiederaufnahme der Arbeit an dem Theaterstück »Iphigenie«. Vom Wirt der Albergo alla Rosa wird er mit Forellen köstlich bewirtet und der Herr

Torbole

Lago di Garda

© MERIAN-Kartographie

Geheimrat erfreut sich am frischen Obst. Was Goethe dazu hinreißt, von der »Sorglosigkeit des südlichen Schlaraffenlebens« zu schwärmen. Mit dem Segelschiff kreuzt er nach Limone Sul Garda, nach Malcésine und Bardolino. Von dort aus geht es an Land weiter nach Verona. Zwei Jahre ist Goethe auf Reisen, 1788 kehrt er dann zurück nach Weimar.

Piazza Vittorio Veneto

4 Kultur in Torbole

Der Bildhauer Fernando Ciancianaini (1889–1954), der sich Cian nannte, lebte in Torbole und hat der Stadt eine Menge Skulpturen und Büsten hinter-

lassen. Unter anderem die Büste von Goethe an der Piazza degli Alpini und die Büste von Dante Alighieri in den Gärten bei der Touristinfo.

5 Sant'Andrea

Vom Vorplatz der Kirche aus dem 18. Jh. hat man einen wunderbaren Blick auf Torbole und den See. Die Barockkirche hat ein Altarbild »Martyrium des Heiligen Andreas«, das von dem Barockmaler Giamberto Cignaroli (1706–1770) stammt. Er soll dafür Bewohner von Torbole als Vorbild genommen haben. Eine damals beliebte Form, VIPs zu würdigen. Der hl. Andreas ist der Schutzpatron des Ortes.

Ein paar Meter hinauf hinter der Kirche gibt es einen Aussichtspunkt Belvedere, von dem der Blick über den Ort ganz hübsch ist.
Via Pontalti

ÜBERNACHTEN

6 Santonia Freestyle Hotel

Modern und zweckmäßig – Lockere, entspannte und familiäre Atmosphäre. Interessante Gäste, sowohl Familien als auch Singles können hier Anschluss finden. Wer hier absteigt, will vor allem eins: Spaß haben, viel Sport treiben, sich entspannen und seinen Urlaub total genießen.
Via Strada Granda 6 | Tel. 04 64 50 59 66 | www.hotelsantoni.com | 36 Zimmer | €€

Villa Gloria   ▶ S. 153, östl. c 3

Action und Relaxen – Das Haus hat einen tollen Blick auf See und Monte Baldo. Außerdem ist es wirklich ideal für Mountainbiker. Türkisches Bad und Sauna in der Relaxzone helfen dem Muskelkater auf die Sprünge.
Via delle Busatte 1 | Tel. 04 64 50 57 12 | www.villagloria.info | 20 Zimmer | €

ESSEN UND TRINKEN

RESTAURANTS

7 Centrale

Lecker-Locker – Hier is(s)t's ständig voll. Die Pizza ist kross und groß.
Piazza Goethe 13 | Tel. 04 64 50 52 34 | www.hotelcentraletorbole.it | €

8 La Terrazza

Frischer Fisch – Die Speisekarte und die Lage direkt am Wasser, raus auf den Fjord des Gardasees, ist ein bisserl anders als die üblichen Torbole-Locations. Im Herbst gibt's schmackhafte Trüffel-Spaghetti.
Via Benaco 14 | Tel. 04 64 50 60 83 | www.allaterrazza.com | €

Surfers Grill   ▶ S. 153, nördl. von b 1

Viel Fleisch, viel Fisch – Fisch gibt es freitags besonders gut, aber auch die anderen Gerichte sind empfehlenswert. Ein Muss für Surfer – elegante Terrasse und schönes Ambiente. Lokale Küche mit manchmal ausgefalleneren Angeboten. Freundliche Wirtsleute.
Via Sarca Vecchio 5 | Tel. 04 64 50 59 30 | www.surfersgrill.it | €€

EINKAUFEN

Entlang der Via Giacomo Matteotti gibt es Geschäfte aller Art. An Kleidung und Schuhen ist ein wirklich reichhaltiges Angebot vorhanden, auch für Frauen in nordalpinen Kleidergrößen. Die Sportgeschäfte bieten innovatives Equipment und Klamotten, die trendy sind.
🕐 Santa-Maddalena-Markt
22.7. Markt der Schutzheiligen der Stadt – Der Markt dauert den ganzen Tag. Meist wird gleich noch eine Weinprobe und ein Stadtteilfest veranstaltet.

9 Markt

Wochenmarkt mit Lebensmitteln, Souvenirs und Bekleidung.
Via Giacomo Matteotti | April–Sept. 8–13 Uhr, immer im 2. und 4. Dienstag im Monat

SERVICE

AUSKUNFT

Ufficio Turistico Torbole

Via Lungo Lago Verona 19 | Tel. 04 64 50 51 77 | www.gardatrentino.it

Blick von Nago (▶ S. 155) auf die Stadt Torbole. Auch hier hat die Surfszene alles im Griff. Kletterer erfreuen sich an den Marmitte dei Giganti (▶ S. 155).

Ziele in der Umgebung

◎ MARMITTE DEI GIGANTI   🏄 E1

Zwischen Torbole und Nago gibt es Felsformationen, die aussehen wie riesige Badewannen, oder wie ihr Name sagt, »Töpfe von Riesen«. Sie entstanden durch Gletscherschmelzwasser. Das Wasser rast hindurch und der mitgeführte Sand und Kies wäscht diese Hohlräume aus. Die Hauptkessel befinden sich in der Nähe der Panoramastraße, die Nago mit Torbole verbindet. Überreste einiger Pfeilspitzen und Fundstücke aus dem 4. und 3. Jahrtausend v. Chr. bezeugen, dass diese Gegend schon vor langer Zeit bewohnt war.

2 km nordöstl. von Torbole

◎ NAGO   🏄 E1

2800 Einwohner

Nago, einst ein bezauberndes Fischerdorf, ist heute ein internationales Zentrum des Segel- und Windsurfsports.

2 km nordöstl. von Torbole

SEHENSWERTES

Castel Penede

Von der Ruine des Castel Penede (12. Jh.) gelangt man auf einem atem-

Anlässlich der Sbigolada in Torbole (▶ S. 156) werden zum Karnevalsausklang seit 1874 Unmengen von Pasta mit verschiedenen Fischen verteilt.

beraubenden Weg zum Gardasee, auf den man eine herrliche Aussicht hat. Das Castel war einmal ein wichtiger strategischer Punkt, als die Menschen in Europa noch mit Waffen ums Land kämpften.

Forte di Nago

Die Festung Forte di Nago ist zum Teil restauriert. Es gibt hier abwechslungsreiche, interessante Ausstellungen der Fotografie.

www.comune.nago-torbole.tn.it | Mitte April–Mitte Okt. Mo 15–18, Di–Fr 15–22, Sa/So 17–22 Uhr | Eintritt frei

KULTUR UND UNTERHALTUNG
Sbigolada Torbole

Am letzten Sonntag des Karnevals findet die Sbigolada statt, ein riesiges Spaghetti-Fest. Erstmals wurde dieses Event 1874 gefeiert. Damals war Torbole noch Teil des österreichisch-ungarischen Reiches. Im Laufe des Nachmittags werden 400 Pfund »spaghetti a le aole«, das ist Alborelle, eine Fischart, verteilt. Zudem werden schätzungsweise 5000 Portionen »bigoi con sardene« verzehrt. Es findet unter dem Motto »umsonst und draußen« statt.

Parco Colonia Pavese | Eintritt frei

◎ NAVENE E 2

Der Ort ist winzig und schon recht weit am Ostufer des Gardasees. Malcésine ist von hier nicht mehr weit. Kiten und Surfen ist hier die Wahl des Tuns. Noch etwas südlicher, Richtung Malcésine, befinden sich die Surfstation und das Sailing Center.

🕓 Möglichst früh raus aus den Federn, denn der Nordwind, der Peler, beginnt mit Sonnenaufgang zu blasen!

10 km südl. von Torbole

SERVICE

AKTIVITÄTEN

Kite School Navene

Via Strada dell'Acqua LOC | Tel. 0 34 54 79 57 05 | www.kiteschoolnavene.com

Nany's Aqua Center

Località Navene | Via Gardesana Nord | Tel. 0 34 72 23 54 35 | www.nany windsurf.com

◎ ROVERETO

Museo Storico Italiano della Guerra – Nie wieder Krieg 🐟 nördl. F 1

Vor hundert Jahren begann der Erste Weltkrieg, 1914 bis 1918. Er verlangte in Norditalien unglaublich viele Opfer. Historiker schätzen, dass an der Front über 60 000 Soldaten allein durch Lawinen umkamen. Ein weiterer großer Teil wurde bei Tunnelsprengarbeiten wissend geopfert. Schützengräben und Befestigungsanlagen sind, jetzt immerhin hundert Jahre später, noch zu erkennen. Entlang des alten Frontverlaufs entstanden an 19 verschiedenen Orten Museen, die Erinnerungs- und Aufklärungsarbeit über diese vier Schreckensjahre zu Beginn des letzten Jahrhunderts leisten. Die genauen Standorte kann man bei der Touristinfo erfragen oder es gibt sie im Internet. Das Museo Storico Italiana della Guerra ist in Rovereto.

Via Castelbarco 7 | Tel. 04 64 43 81 00 | www.trentinograndeguerra.it

22 km nordöstl. von Torbole

AKTIVITÄTEN

Sentiero della Pace 🚩

Der Weg auf den Monte Baldo ist Teil des »Friedensweges«, der insgesamt um die 450 km lang ist. Der Friedensweg ist ein relativ einfacher, wenn auch anstrengender Fernwanderweg. Der Pfad führt über den Frontverlauf des Ersten Weltkriegs, auf weiten Strecken durch hochalpines Gelände.

Der Weg wurde installiert als »ein Weg in die Vergangenheit, zum Nachdenken und Besinnen«. Einmal im Jahr gibt es einen Gedenkgottesdienst.

www.visittrentino.it

◎ STRADA DEL MONTE BALDO

 E 1/2

Fährt man die Hauptstraße von der Kirche von Nago aus weiter, führt sie irgendwann in Serpentinen hoch hinauf ins Monte-Baldo-Massiv. Auf rund 1400 m endet sie recht plötzlich. Von da aus kann man bis zum Gipfel des Monte Altissimo (2079 m) weiterwandern. Etwa 1,5 bis 2 Stunden dauert der Anstieg, je nach Kondition. Er ist nicht zu schwer, es ist ein breiter Panoramaweg mit unglaublich schöner Sicht auf den See hinunter. Am Gipfel erwartet Wanderer das »Rifugio Damiano Chiesa« mit 20 Schlafplätzen, www.gardasee.de/sport-am-gardasee/wandern_berghuetten).

12 km südl. von Torbole

TOUREN
UM DEN GARDASEE

Verzauberndes Morgenlicht am Dogenpalast in Venedig (▶ S. 162).

VERONA – EINMAL UNBEDINGT IN DIE STADT DER LIEBE

CHARAKTERISTIK: Ausflug zu italienischem Lifestyle und großer Liebesgeschichte **DAUER:** Tagesausflug **LÄNGE:** vom Südosten des Sees etwa 30 km mit dem Auto, vom Südwesten aus auch mit der Bahn erreichbar **EINKEHRTIPP:** Pizzeria Du de Cope, bei der Piazza delle Erbe, Tel. 0 45 59 55 62, www.pizzeriadude cope.it €€–€€€

Wer am Gardasee urlaubt, der urlaubt ein bisschen Italien light. Ganz anders Verona – das ist Italien komplett. Hier sind sie, die schicken Italienerinnen, die tollen Typen im Maserati und die großartigen Geschäfte zum Shoppen.

Stellen Sie Ihren Wagen in einer der Parkgaragen ab, die Arena Parkgarage liegt recht zentral. Aber auch von anderen Parkplätzen sind es nur wenige Minuten zu Fuß ins Zentrum. Die Altstadt ist verkehrsberuhigte Zone und für Pkws gesperrt. In diesem Areal wird elektronisch die Einfahrt von nicht autorisierten Fahrzeugen kontrolliert. Strafen sind teuer! Fahrräder, Mopeds und Motorräder haben freie Zufahrt, dürfen aber nur auf den markierten Parkplätzen abgestellt werden.

Die Altstadt ist überschaubar. In der Touristinfo an der Piazza Bra gibt es Pläne und Unterlagen der Sehenswürdigkeiten, auch auf Deutsch. Für alle, die gerne mit dem Fahrrad unterwegs sind, bietet Verona einen Bike-Sharing-Service an.

An der Piazza Bra spiegeln die Gebäude die 2000 Jahre alte Geschichte der Stadt wider. Hier ist auch der Zugang zur Arena, dem grandiosen römischen Amphitheater. Außer Montagvormittag können Sie es täglich besichtigen.

Seit 1913 finden alljährlich im Sommer die berühmten Opernfestspiele statt. 2014 stehen Puccinis »Madame Butterfly«, Verdis »Aida« (der Verona-Klassiker!) und Bizets »Carmen« vom 20. Juni bis zum 7. September auf dem Programm. Falls Sie in eine der Opern-Aufführungen gehen möchten, sollten Sie sich frühzeitig Karten besorgen.

Gehen Sie nach dem Besuch der Arena in die Via Mazzini. Das ist die berühmte, aber auch meist sehr volle Veroneser Einkaufsstraße. Allein das Bummeln zwischen Läden und Leuten ist inspirierend. Die Via Mazzini mündet in die Via Cappello. Hier steht das Haus von Julia, der berühmten Heldin aus Shakespeares Drama »Romeo und Julia«. Also, sofern man glauben möchte, dass Julia wirklich je gelebt hat – und das will man als Besucher in Verona einfach glauben! –, dann ist das Haus Nummer 23 das der Familie Cappello alias Capulet. Es stammt aus dem 13. Jh. Unter dem wohl berühmtesten Balkon der Welt schmachtete Romeo hinauf zu Julia: »Der Liebe leichte Schwingen trugen mich. Kein steinern Bollwerk kann der Liebe wehren, denn Liebe tut was Liebe irgend kann.« Ist das nicht schön?! Shakespeares Geschichte hat sich jedenfalls im Verona unserer Tage materialisiert. »Verona in Love« ist Lust und Last für die Stadt. Recht banale Liebesschwüre sind an die Wände geschmiert, der Busen der Julia-Statue, 1972 aufgestellt, ist blank gegrapscht. Im Kloster Francesco befindet sich Julias Grab, ein leerer Steinsarkophag. Und doch: Man schwelgt in Liebe! Mehr als 7000 Briefe sollen übrigens alljährlich an »Julia, Verona – Italien« geschrieben werden. Warum, ist unklar – denn eigentlich weiß jedes Kind: Julia starb an gebrochenem Herzen. Die Stadt beschäftigt inzwischen eine Menge Julias, die die Briefe der Liebesleidenden beantworten.

Folgen Sie weiter der Via Cappello und gehen Sie zur Piazza delle Erbe. Der Platz ist von Palästen und Gebäuden umgeben, die die Geschichte Veronas geschrieben haben, Domus Mercatorum, der Gardello-Turm, der Palazzo Maffei. Das Haus von Romeos Familie befindet sich übrigens in der Nähe der Arche Scaligere. Die Familie della Scala, die über Verona herrschte und die ganzen Burgen am Gardasee erbauen ließ.

INFORMATIONEN

IAT VERONA

Via degli Alpini, 9 (Piazza Bra) | Tel. 04 58 06 86 80 | www.tourism.verona.it

Opernkarten

www.arena.it oder Tel. 04 58 00 51 51

VeronaCard

15 € für 24 h freien Eintritt zu allen Museen, Denkmälern und einigen Kirchen. Benutzung öffentlicher Verkehrsmittel kostenlos. www.turismoverona.eu

Es braucht nicht viel Fantasie, um sich Julia auf ihrem Balkon vorzustellen. In Verona (▶ S. 160) lebt das berühmteste Liebespaar der Welt noch weiter.

VENEDIG – WENN SCHON IM VENETO, DANN GLEICH DIE SERENISSIMA

CHARAKTERISTIK: Canale Grande, Meer und Ewigkeit **DAUER:** Tagesausflug **LÄNGE:** vom Südosten des Sees etwa 150 km mit dem Auto, vom Südwesten aus auch mit der Bahn erreichbar **EINKEHRTIPP:** Harry's Dolci, Sestiere Giudecca, 773/ Fondamenta San Biagio, Tel. 04152248 44 €€–€€€ **AUSKUNFT:** www.venezia unica.it

Zugegeben: Es ist ein großer Tagesausflug bis Venedig. Doch die alte »durchlauchtigste Stadt« – das bedeutet »Serenissima« – hat die Geschicke und Geschichte rund um den See über Jahrhunderte geprägt. Sie ist ein Erlebnis. Venedig ist einfach immer reizvoll. Was sind da schon 150 km?

Buchen Sie im Internet vor. Vènezia-Unica, so heißt die Tourismusverwaltung der Stadt, bietet einen City-Pass online an. Da lässt sich alles im Vorfeld genau arrangieren, was Sie brauchen. Vom Parkplatz über die Busfahrkarte, das Wassertaxi bis hin zum Eintritt in die vielen Museen. Die Basis-City-Card gibt es ab 18 €, wenn man nur den öffentlichen Nahverkehr nutzen will.

Anders als in Zeiten ohne Mobiltelefon muss man sich trotz Stadtplan nicht mehr im Gewirr der Stadt verlieren, sondern kann mit der App VeneziaUnica ganz einfach durch alle Sehenswürdigkeiten schlendern. Und ginge man doch verloren, kann einen die Kamera per Augmented Reality-Funktion wieder zur richtigen Linie leiten.

Der Piazzale Roma Car-Park ist das nächstgelegene Parkhaus für den Besuch im Zentrum. Von hier aus gehen Sie in etwa einer halben Stunde bis zum Markusplatz. Die Wege sind ausgeschildert mit »per San Marco«. Wer nicht nur laufen möchte, geht hinunter bis zum Canal Grande und steigt in ein Vaporetto (ein Boot der öffentlichen Wasserlinie). Die Linie 1 stoppt an fast jeder Haltestelle zwischen Piazzale Roma und dem Lido. Der Canal Grande schlängelt sich wie ein großes S durch die Lagunenstadt. Steigen Sie einfach an der Rialtobrücke aus und laufen von hier aus weiter Richtung Markusplatz. Er ist Pracht pur, ein historisches Machtmonument und eine architektonische Sensation. An den Breitseiten stehen die alten und neuen Prokuratien, Amtsgebäude aus der Zeit, als Venedig noch Seemacht war. Entlang der eleganten Fassaden reihen sich feine Cafés. Sie können sich dort durchaus einen Cappuccino gönnen, wenn Sie bereit sind, fürs Erlebnis richtig teuer zu bezahlen. Eines sollten Sie auf jeden Fall unterlassen: Tauben zu füttern oder auf den Stufen von San Marco ein kleines Picknick zu halten. Angeblich werden 500 € Strafe dafür fällig.

Über die Piazzetta hinaus reicht der Markusplatz bis zum Dogenpalast. Dort öffnet er sich zum Wasser hin.

Besonders eindrucksvoll ist der An-
blick übrigens, wenn man am Abend
auf den beleuchteten Platz tritt!

Die Markuskirche entstand im 9. Jh.
als Dogenkapelle für die Reliquien
des Evangelisten Markus. Darum ist
der Markuslöwe, der Löwe mit den
Flügeln, auch das Wappentier Venedigs. Im Inneren der Kirche beein-
drucken prächtige byzantinische Mo-
saiken. Auch ein Besuch in der
Schatzkammer mag lohnen. Aber der
Aufstieg auf den Torre dell' Orologio
oder Campanile ist nur voll und anstrengend. Den schöneren Blick hat
man von der Insel gegenüber. Auf
Giudecca ist einfach eine andere
Welt, hier drängelt keiner um einen
Platz im Restaurant. Das wissen übrigens auch einige Hollywood-VIPs und
haben hier ihre Ferienappartements.

Und wer in Harry's Dolci zur blauen
Stunde auf Venedig schaut, dürfte
sicher diesen durchlauchtigen Moment
in der Serenissima genießen.

INFORMATIONEN

Zentrale Auskunft des Tourismus-verbands

Castello, 5050, Fondamenta San
Lorenzo | Tel. 04 15 29 87 11 | www.
turismovenezia.it

Azienda di Promozione Turistica (APT)

Zentraler Anlaufpunkt ist der unweit
der Vaporetto-Station Vallaresso gelegene Venice Pavillon (Tel. 04 15 22 51 50,
tgl. 9–18 Uhr). Er dient als Informations-
stelle, Buchladen und Ticketbüro. Außerdem am Piazzale Roma, am Bahnhof und
am Flughafen.

Reges Treiben auf und über dem Canal Grande in Venedig (▶ S. 162). Von der Accademia-Brücke hat man den besten Blick auf die Kirche Santa Maria della Salute.

ZUR SANTA BARBARA – VON RIVA DEL GARDA HINAUF ZU EINER FANTASTISCHEN AUSSICHT

CHARAKTERISTIK: Erst nett, dann anstrengend und schließlich wirklich eine Herausforderung **DAUER:** 2 Stunden **LÄNGE:** 4,7 km und etwa 530 Höhenmeter **EINKEHRTIPP:** Die Hütte Capanna Santa Barbara auf etwa 560 m Höhe ist nur an Wochenenden und Sommerfeiertagen geöffnet €–€€ **AUSKUNFT:** www. gardatrentino.it

Hoch über Riva del Garda schmiegt sich eine leuchtend weiße Kapelle in die Felswand. Nachts ist sie beleuchtet und zieht den Blick unwiderstehlich an. Die kleine Kirche Santa Barbara wurde 1935 während der Verlegung der Rohrleitungen des Ponale-Kraftwerkes erbaut. Sie liegt auf einer Höhe von etwa 625 m, unterhalb der steilen Felswände des Monte Rochetta (1520 m). Die Kapelle Santa Barbara selbst ist sehr klein und offen gebaut. Es gibt keine Sicherungen, der Blick in die Tiefe ist ziemlich faszinierend. Wer sich bis oben auf den Weg macht, sollte schwindelfrei sein.

Riva del Garda ▶ Bastion
Die Wanderung beginnt an der Gardesana Occidentale. Gehen Sie in Riva del Garda in die Via Monte Oro gegenüber der Via Bastione. Dann folgen Sie den Wegweisern des Wanderwegs Nr. 404 zum Klettersteig Via Ferrata. Zunächst ist der Weg relativ bequem. Sie wandern auf einem gepflasterten Sträßchen, das mit einer Reihe spitzer Kehren bergauf führt. Nach etwa 20 bis 30 Minuten, auf etwa 211 m Höhe, gelangen Sie zur Bastion von Riva. Der markante Turm stammt von Anfang

des 16. Jh. und war einmal Teil einer venezianischen Festung. Die Reste der Bastion wurden in den letzten Jahren renoviert. Es gibt eine große Aussichtsterrasse mit einem schönen Blick auf Riva. Bis hierhin ist die Wanderung sehr leicht, angenehm und ohne jede Schwierigkeit.

Bastion ▶ Capanna Santa Barbara
Gehen Sie nun ein kurzes Stück bis kurz vor der Bastion zurück und schlagen den Wanderweg Nr. 404 ein. Der Weg schlängelt sich in vielen Serpentinen immer steiler am Monte Roccetta entlang. Der Waldbodenweg wird später felsiger. Es geht teilweise senkrecht neben dem Weg hinunter. Weiter oben muss man über einige mittlere bis große Steinblöcke klettern. Sobald die große Rohrleitung, in der das Wasser vom Ledrosee ins Wasserkraftwerk am Gardasee stürzt, in Sicht kommt, geht es rechts den Bergweg hoch. Nach zirka 40 Minuten erreichen Sie die Hütte Capanna Santa Barbara. Hier ist man bereits auf 560 m Höhe. In der Capanna können Sie leider nur an Wochenenden und Feiertagen rasten! Von hier sind es nur noch etwa 15 Minuten bis zur Kapelle.

Capanna ▶ Kapelle

Die Kapelle ist der Schutzheiligen der Berg- und Hüttenleute geweiht. Nach der Legende lebte Barbara im 3. Jh. Sie war die Tochter eines reichen Mannes, der ihr verbot, sich dem Christentum zuzuwenden. Sie sollte geköpft werden, doch Barbara floh und versteckte sich in einem Schacht bei Bergleuten. Als Barbara sich nach langer Zeit wieder an die Oberfläche wagte, wurde sie gefangen genommen und von ihrem Vater eigenhändig mit dem Schwert getötet. Daraufhin wurde er vom Blitz erschlagen.

Etwa 1,5 bis 2 Stunden sollte man schon einplanen, um zur Kapelle Sta. Barbara zu gelangen. Die Route eignet sich für Familien mit Kindern ab acht Jahren. Die Strecke ist ganzjährig begehbar, es sei denn, es liegt Schnee auf dem Weg.

Man sollte im Sommer besonders heiße Tage meiden. Denn da die Strecke recht offen ist, ist die Sonne intensiv. Zurück geht es auf demselben Weg.

Übrigens: Oberhalb der Kapelle beginnt der Klettersteig »Via Ferrata dell'Amicizia«, der auf den Monte Rocchetta führt. Berühmt ist er für seine »vie ferrate«, seine Eisenleitern. Die Leiterpassagen sind etwa 70 m und 50 m lang und gehören zu den eindrucksvollsten Klettersteigen der Alpen. Diese Tour dauert etwa 6 Stunden und ist nicht für ungeübte Kletterer geeignet.

INFORMATIONEN

APT Ingarda Trentino
Riva del Garda | Largo Medaglie d'Oro al Valor Militare, 5 | Tel. 04 64 55 44 44 | www.gardatrentino.it

Wanderer beim Aufstieg oberhalb von Sta. Barbara (▶ S. 164) zur Via Ferrata. Der Weg ist anstrengend, wird aber von einem fantastischen Panorama belohnt.

DEN GARDASEE
ERFASSEN

Bequeme Seilbahn (▶ S. 72) auf den Monte Baldo. Ausblicke inbegriffen.

AUF EINEN BLICK

Hier erfahren Sie alles, was Sie über die Region Gardasee wissen müssen – kompakte Informationen über Land und Leute, von Bevölkerung und Geografie über Politik und Religion bis Sprache und Wirtschaft.

BEVÖLKERUNG UND SPRACHE

Etwa 200 000 Einwohner leben an den Ufern des Gardasees. Die größte Stadt ist Desenzano im Süden des Gardasees, gefolgt von Riva del Garda und Arco im Norden des Gardasees.

Die Landessprache ist Italienisch. Allerdings sprechen viele auch Deutsch. Dafür gibt es mehrere Gründe. Es gibt eine lange gemeinsame Geschichte, der Tourismus ist eine gewachsene Wirtschaftskraft. Im Norden liegt es auch am geschichtlichen Erbe, denn bis zum Ersten Weltkrieg war das Trentino Teil der K.-u.-k.-Monarchie Österreichs. Im Süden kommt man auch mit Englisch weiter, sollte man wirklich kein Wort Italienisch sprechen. Und die Erfahrung zeigt: Alle wollen sich gerne verständigen. Zur Not trinkt man eine Grappa zusammen und redet mit Händen und Füßen übers Essen, die »bambini« und das Leben an sich.

LAGE UND GEOGRAFIE

Der Gardasee gehört zu Norditalien, er liegt auf der südlichen Seite des Alpenhauptkamms. Er ist der größte Binnen-

◀ Zitronen, wo immer man nur hinschaut am südwestlichen Ufer des Sees.

see Italiens und liegt auf 65 m über dem Meeresspiegel. Der Norden der Region ist von alpinem Gebirge geprägt. Die höchste Erhebung ist das Monte-Baldo-Massiv mit 2218 m. Im Süden wird die Landschaft flach und läuft in die Po-Ebene aus.

Der Reiz des Gardasees liegt in seinen Kontrasten. Auf kleinem Terrain finden sich unterschiedliche geografische Strukturen und Klimata. Im Norden herrscht raues Gebirgsklima vor. Doch die Winter sind nicht so lange und grau wie im Norden der Alpen. Es gedeihen hier schon mediterrane Pflanzen und Bäume. Ständiger Wind zieht durch das Sarcatal zwischen den östlichen und westlichen Gebirgszügen. Weiter südlich, am Ostufer bei Bradolino, prägen Weinreben die Landschaft. Im Westen beeinflussen die steilen Felsen der Brescianer Voralpen das Wetter. Windgeschützt entwickelt sich hier zwischen Salò und Gargnano ein mediterranes Klima und subtropische Fauna. Dennoch muss man sich, gerade auf der Hochebene über dem Gardasee, im Sommer auf plötzliche Wetterstürze einrichten. Gewitter und Hagel können so manchen Mountainbiker böse überraschen.

VERWALTUNG

Drei Regionen teilen sich den See: Im Norden das Trentino, dessen Hauptstadt Trento (auf deutsch Trient genannt) ist. Der Osten gehört zum Veneto, dessen Hauptstadt Verona ist. West- und Südufer gehören zur Lombardei. Die Hauptstadt ist Brescia. Die

Gardasee-Anrainer bezeichnen ihre jeweilige Region oftmals auch als Gardatrentino, Gardaveneto und Gardalombardia.

WIRTSCHAFT

Der Tourismus mit etwa sechs Mio. Gästen jährlich ist der wichtigste Erwerbszweig rund um den Gardasee. Zwei Drittel der Urlauber kommen wohl aus Deutschland.

90 % des Tourismusgeschäfts wird in den Sommermonaten erarbeitet, und da wiederum vor allem in den Monaten Juli und August. Inzwischen gibt es mehr und mehr Hotels, die ganzjährig geöffnet haben. Das hängt wohl auch mit dem Wechsel im allgemeinen Wetter zusammen.

Der Dienstleistungssektor rund um den Sport ist inzwischen eminent wichtig. Ein weiterer wichtiger Wirtschaftszweig ist die Landwirtschaft. Insbesondere der Wein- und Olivenanbau in den südlichen Regionen steigert die Erträge. Der Obst- und Gemüseanbau im Trentino sowie die Milch- und Viehwirtschaft haben schon eine lange Tradition und kommen dort noch vor dem Tourismus.

AMTSSPRACHE: Italienisch
EINWOHNER: etwa 200 000 direkt am Gardasee
GARDASEE FLÄCHE: 370 qkm
GRÖSSTE STADT: Desenzano
HÖCHSTER BERG: Monte Baldo 2218 m
INTERNET: www.gardatrentino.it, www.lagodigardaveneto.com, www.gardalombardia.com
RELIGION: überwiegend Katholiken
WÄHRUNG: Euro

GESCHICHTE

*Der Wechsel ist das einzig Beständige in der Geschichte
des Gardasees und seiner Anwohner. Veneter, Etrusker, Römer,
Langobarden und vor allem das österreichische Kaiserreich haben
alle mehr oder weniger deutliche Spuren hinterlassen.*

2.–1. Jahrtausend v. Chr.
Erste Siedlungen

Bei Malcésine und Pai, am Ledrosee und im Tennotal, werden die ersten Pfahlbauten errichtet. Frühgeschichtliche Felszeichnungen am Monte Baldo zeugen von prähistorischen Kulturen. Die Zeichnungen stammen wohl von Hirten und Jägern. Ligurier besiedeln den Westen, Veneter den Osten. Etrusker und Gallier stoßen in der zweiten Hälfte des Jahrtausends dazu und drängen die Veneter weiter Richtung Adria. Die gallischen Cenomanen, ein Stamm der Kelten, gründen die Städte Verona und Brescia. Vermutlich geht der alte Name des Sees, »Benacus«, auf diese Gallier zurück.

2. Jh. v. Chr. Der Gardasee
wird römisch

Die Römer drängen die Gallier zurück. Der Gardasee wird Teil der römischen Provinz Gallia Cisalpina. Unter Caesar wird die Stadt Verona ein wichtiger strategischer Knotenpunkt. Bis zum Fall des Römischen Reiches um 500 n. Chr. werden vor allem am südlichen Seeufer zahlreiche Villen und Thermalbäder errichtet. Die Römer benennen den Gardasee nun offiziell Lacus Benacus.

9./10. Jh. Politische Wirren

Die Langobarden übernehmen wieder die Vorherrschaft, nachdem sie im 8. Jh. von Karl dem Großen besiegt

---

2. Jh. v. Chr.

Die Gardaseeregion wird Teil der römischen Provinz Gallia Cisalpina. In Sirmione werden die ersten Thermen gebaut, die der Dichter Catull in seinen Liedern besingt.

Besiedelung der Gardaseeregion. Zeugnisse davon geben später Pfahlbauten und Felszeichnungen.

2000 v. Chr.

8.–10. Jh.

Langobarden, Karolinger und Veroneser wechseln sich in der Herrschaft um den Gardasee ab.

worden waren. Dann erstarken kleinere Vasallenfürsten, schließlich wird der Langobardenkönig Berengar in Verona ermordet. Nachfolger ist der deutsche König Otto I., der sich in Rom zum Kaiser krönen lässt. Das ist von diesem Zeitpunkt an für alle deutschen Könige im Heiligen Römischen Reich von Bedeutung. Die Mark Verona und der Gardasee fallen an das Herzogtum Bayern.

12.–14. Jh. Tyrannei und Brudermord

Verona selbst wird zu einer bedeutenden Stadt, in der die Familie della Scala an die Macht kommt. Sie herrscht schließlich auch über den Gardasee. Zahlreiche Burgen am Gardasee stammen aus der Zeit der Scaliger. Auch die Geschichte der Familie selbst ist spannend. Erst gab es einige, die sich als Mäzene fürs Schöngeistige hervortun. Cangrande della Scala soll z. B. die Dichter Dante, Petrarca und Giotto unterstützt haben. Später dann wird die Familienhistorie eine einzige Abfolge aus Tyrannei und Brudermord.

Die Herrschaft der Scaliger endet 1387. Danach übernimmt Venedig die Macht im Osten, im Westen erlangen die Visconti und die Sforza aus Mailand die Herrschaft am Gardasee.

15. Jh. Eine Flotte wird über die Berge gezogen

Wer die Vorherrschaft über den See hielt, hatte die Kontrolle über den Handel, die Wirtschaft und natürlich die echte Macht. Es dauert nicht lange, bis Venedig sich mit Mailand um die Vorherrschaft streitet. Brescia gehört zwar zu Venedig, ist aber von mailändischen Truppen eingeschlossen. Da der Grenzfluss Mincio und große Teile des Gardasees auch unter Mailänder Herrschaft stehen, können die Venezier nicht einfach vormarschieren. 1437 scheint das venezianische Problem gelöst: Der brave Soldat Nicolo Sorbolo kommt auf die Idee, die Mailänder mit einer neuen Flotte zu schlagen. Diese wollte er über das Gebirge ziehen. Gesagt, getan. Ochsenfuhrwerke zogen, Soldaten hievten Baumrollwerke voran und zogen die Flotte über die Berge.

12. Jh.

Die Familie della Scala aus Verona herrscht am Gardasee. Viele der heute noch bestehenden Burgen werden von ihr erbaut. Die Scaligeri regieren bis ins 15. Jh. hinein.

15. Jh.

Mailänder und Venezier streiten um die Vormacht am Gardasee

1437

Die Venezier ziehen eine gesamte Kriegsmarine über die Berge durch das Etschtal, um die Vorherrschaft der Mailänder zu brechen.

Sechs 50 m lange Galeeren, zwei Galeonen und 26 Kriegsbarken transportierte Venedig also über den Pass zwischen Etschtal und Torbole. Bei Riva will man sie ins Wasser lassen und damit gegen die Mailänder antreten. Die Mailänder hatten aber von der vermutlich nicht ganz geräuschlosen Aktion Wind bekommen und versenkten einen großen Teil von Venedigs Xtrem-Flotte sogleich.

1440 Der Gardasee wird ein Teil der Republik Venedig

Doch die Venezier gaben nicht auf. Sie bauten neue Schiffe und starteten das Unternehmen noch einmal. Nun hatte man Erfahrung und nutzte die Jahreszeiten besser aus. Im April 1440 kam es zur Entscheidungsschlacht und die Mailänder wurden vertrieben. Venedig kontrollierte Riva und damit den gesamten Gardasee. Für den Gardasee bricht damit eine Zeit des Wohlstands an. Die Verbindung zu der mächtigen Städterepublik beflügelt den Handel. Bis 1521 regierten die Venezianer in Riva.

1842–1870 Il Risorgimento und die Schlacht von Solferino

Italien ist geteilt und es herrschen fremde Dynastien. Die Spanier regieren im Süden, weite Teile des Nordens kontrolliert der Kaiser von Österreich. Dazwischen gibt es unübersichtliche Kleinstaaterei. Die Sehnsucht nach einer staatlichen Einheit wird größer: Il Risorgimento, die italienische Einigungsbewegung, erstarkt.

Am südlichen Gardaseeufer kommt es im Jahr 1859 zur entscheidenden Schlacht für die italienische Unabhängigkeit. Bei Solferino und San Martino steht die österreichische Armee den Truppen von Frankreich und Sardinien-Piemont gegenüber. Von 40 000 Toten wird berichtet, unzählige Verwundete liegen unversorgt auf den Feldern in der Sommerhitze, 15 Stunden habe die Schlacht gedauert. Es ist ein unsägliches Morden. Die Österreicher werden geschlagen – d.h., sie zogen sich am Abend in ihre Verteidigungsanlagen in Peschiera zurück. Das Leid auf dem Schlachtfeld war so groß, dass Napoleon III. erschüttert

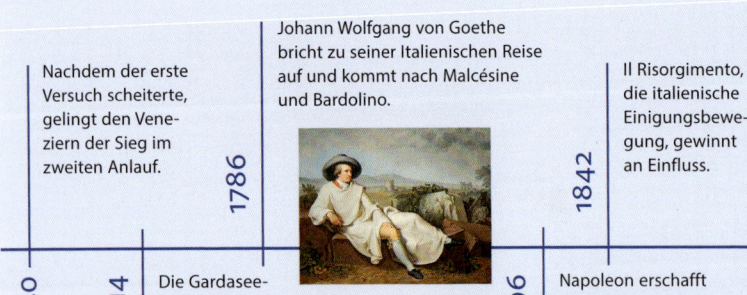

Nachdem der erste Versuch scheiterte, gelingt den Veneziern der Sieg im zweiten Anlauf.

Johann Wolfgang von Goethe bricht zu seiner Italienischen Reise auf und kommt nach Malcésine und Bardolino.

Il Risorgimento, die italienische Einigungsbewegung, gewinnt an Einfluss.

1786

1842

1440

1714

Die Gardaseeregion fällt nach dem Spanischen Erbfolgekrieg an Österreich.

1796

Napoleon erschafft das Königreich Italien. Nach seinem Sturz fallen Teile erneut an Österreich zurück.

Franz Josef I. einen Friedensplan anbot. Darin wurde die Lombardei an Italien gegeben, Venetien blieb bis 1866 noch bei den Österreichern. 1870 ist Italien geeint, Rom wird Hauptstadt.

Am Gardasee bleiben Österreich noch letzte Außenposten: das nördliche Gardaseeufer und Trient.

Die Schlacht von Solferino war der Auslöser zur Gründung des Roten Kreuzes. Henri Dunant, Schweizer Geschäftsmann, empfand das Elend auf den Schlachtfeldern als ein solch einschneidendes Erlebnis, dass er, wieder zurück in der Schweiz, seine Erlebnisse in einem Buch verarbeitete und die Gründung einer internationalen Hilfsgesellschaft für Verwundete forderte.

19. Jh. Friedliche Zeiten

Der Frieden in den Jahren bis zum Ersten Weltkrieg ermöglicht einen touristischen Aufbau der Region. Mitglieder der österreichischen Königsfamilie und in ihrem Gefolge auch Adelige und die Bohème reisen immer wieder an den Gardasee, entfliehen dem nasskalten Wetter im Norden und überwintern im milden Klima des Sees.

1884 baut der Österreicher Ludwig Wimmer das erste große Hotel am Gardasee: das »Grand Hotel« in Gardone. 1899 wird das Grand Hotel »Lido Palace« in Riva del Garda eröffnet. 115 Jahre später ist es neu restauriert und modernisiert wieder das beste Hotel am Gardasee.

Von 1891 an führt eine Eisenbahnlinie, die Mori-Arco-Riva-Bahn, nach Riva del Garda. Damit ist der Gardasee direkt an die Brennerbahnlinie angeschlossen, was der Region weiteren Aufschwung verleiht. 1936 wird sie allerdings wieder stillgelegt.

1914–1918 Der Erste Weltkrieg

Der Ersten Weltkrieg wird als erbitterter Stellungskrieg in den Bergen rund um das nördliche Gardaseeufer geführt. Zu Kriegsende muss sich Österreich komplett vom Gardasee zurückziehen und auch seine letzten annektierten Gebiete an Italien abtreten. Im Friedensvertrag von St. Germain wird Südtirol Italien zugesprochen.

Nach den Schlachten von Solferino und San Martino wird Italien geeint.

1884 Es entsteht das erste Grand Hotel in Gardone.

1914–1918 Im Ersten Weltkrieg kommt es zu einem erbitterten Stellungskrieg. Im Friedensvertrag von St. Germain werden die ehemaligen österreichischen Gebiete um Trient und Südtirol Italien zugesprochen.

1859

1891 Die Eisenbahnlinie nach Riva del Garda wird eröffnet.

1920–1931 Wasserkraft und Gardesana occidentale

Das Wasserkraftwerk del Ponale wird 1920 bei Riva del Garda errichtet. Es nutzt das Wasser des Ledrosees zur Energiegewinnung. Im Zuge der Bauarbeiten wird 1929 eine der bedeutendsten Pfahlbautensiedlungen Europas entdeckt.

Die Gardesana occidentale, die Straße am Westufer des Gardasees zwischen Salò und Riva, wird von 1928 bis 1931 gebaut. 74 Tunnel werden dafür in die Steilhänge gesprengt. 12 Tote sind bei den Bauarbeiten zu beklagen. Die Gardesana orientale, auf der Ostseite des See, die von Arco bis Peschiera führt, war 1926 ausgebaut worden. Noch immer gilt die Gardesana occidentale als Meisterwerk der Straßenbaukunst.

Der Schwarze Winter 1928/29 mit extremen Frösten zerstört die meisten Limonaie, die Zitronengärten.

1939–1945 Mussolini

Benito Mussolini, der italienische Führer, schließt mit Hitler-Deutschland einen Pakt. Dann führt er Italien in den Krieg. 1943 wird Mussolini gestürzt. Noch einmal wird der Gardasee Schauplatz der Geschichte. Der Duce ruft, bereits auf dem Rückzug vor den Alliierten Truppen, in Salò die »Faschistische Sozialrepublik« aus. Diese wird de facto von der deutschen SS kontrolliert. Sie besteht von 1943 bis 1945. Als die Alliierten in die Gardaseeregion vorrücken, flieht Mussolini. Er wird am Comer See von Partisanen erschossen.

1946–1970 Wohlstand durch Tourismus

Nach dem Krieg wird Italien Republik. Die Römischen Verträge von 1957 begründen die EWG, die Europäische Wirtschaftsgemeinsaft. Aus ihr entsteht die Europäische Union.

Der Gardasee entwickelt sich nach dem Zweiten Weltkrieg schnell zu einer der beliebtesten Tourismusregionen Europas. Das beschert der Gegend einen gewissen Wohlstand. Der Tourismus breitet sich aus. 1960 werden 2,2 Millionen Gäste gezählt. Auf den Monte Baldo führt die erste Seilbahn.

Ein Wasserkraftwerk wird errichtet. Es gewinnt Energie aus Wasser, das vom Ledrosee zum Gardasee geführt wird.

1927

1920

Die Gardesana occidentale wird gebaut. Bis dahin waren Teile des Westufers nur per Schiff zu erreichen.

1970 teilt eine Verwaltungsreform Italien in 20 Regionen. Die drei Provinzen Lombardia, Verona und Trento teilen sich den See auf friedliche Art und Weise. Die verschiedenen Kulturen, die das Ufer des Sees geprägt haben, sind noch immer spürbar.

1990–2011 Entwicklung und Rückschlag

1990 besuchen 4,5 Millionen Touristen das Gardasee-Gebiet. Die 1990er-Jahre sind dennoch wirtschaftlich schwierig; die Entwicklung ist starken Schwankungen unterworfen. Die Bettenkapazitäten werden ausgebaut.

2002 geht die hochmoderne Seilbahn auf den Monte Baldo in Betrieb. In Rovereto eröffnet das »Mueso d'arte Moderna e Contemporanea«.

Im November 2004 erschüttert ein schweres Erdbeben der Stärke 5,2 die Region. Vor allem bei Salò und im Valtènesi richtet es starke Schäden an. In der Folge wird die Uferpromenade in Salò neu gestaltet. 2011 werden die Pfahlbauten am Ledrosee zum Weltkulturerbe der UNESCO erhoben.

2013/14 Der Tourismus boomt mit Sport und Wellness

6 Mio. Gäste sollen jährlich am Gardasee ihren Urlaub verbringen. Zwei Drittel kommen aus Deutschland. Ganz genau kann diese Zahl nicht bestimmt werden, weil es keinen zentralen Tourismusverband für die Gardasee-Region gibt. Noch immer ist der Gardasee in der Verwaltung von drei verschiedenen Provinzen abhängig. Um die touristische Vermarktung nach außen besser gewährleisten zu können, wird endlich das provinzübergreifende »Consorzio di Promozione e Commercializzazione Turistica« gegründet.

2014 Große Politik

Seit Februar 2014 ist Ministerpräsident Matteo Renzi im Amt. Der 39 Jahre alte Regierungschef war zuvor Bürgermeister von Florenz. Er folgt auf Enrico Letta, den er zum Rücktritt genötigt hatte. Er ist der jüngste Regierungschef in der demokratischen Geschichte Italiens. Renzi stellt die 65. Regierung nach dem Zweiten Weltkrieg.

1950 bis heute

Die Gardaseeregion entwickelt sich zur exzellenten Tourismusdestination.

2014

Matteo Renzi ist Regierungschef.

KULINARISCHES LEXIKON

A

acqua – Wasser
– gassata – mit Kohlensäure
aglio – Knoblauch
agnolotti – eine Art Ravioli
alborella – kleine Sardinen, die man
    am Gardasee meist frittiert
anguilla – Aal
arrosto – Braten, gebraten
asparago – Spargel

B

baccalà – Stockfisch
bagna cauda – Ölsauce mit Knob-
    lauch, Gewürzen, in die man Brot
    oder rohes Gemüse tunkt
bigoli – dickere und weichere
    Spaghettiart
birra – Bier
bistecca – Steak
– alla pizzaiola – in Tomaten-Basili-
    kum-Knoblauchsoße
bollito – gekocht
alla brace – auf Holzglut gebraten
branzino – Seebarsch
brasato – Schmorbraten, geschmort
brodetto – Fischsuppe mit Zwiebeln
    und Tomaten
brodo – Bouillon
busecca – Kuttelsuppe

C

cacciucco – pikante Fischsuppe
– corretto – Espresso mit einem
    Schuss Schnaps (Grappa)
– macchiato – mit einigen Tropfen
    warmer Milch
cape sante – Jakobsmuscheln
capretto – Zicklein

carciofi – Artischocken
alla casalinga – hausgemacht
carpione – Gardasee-Forelle
ceci – Kichererbsen
cefali – Meeräschen
ciambella – Schmalzkringel
cinghiale – Wildschwein
cipolla – Zwiebel
coda di rospo – Seeteufel
coniglio – Kaninchen
costata – Entrecôte
– alla fiorentina – gegrillt, mit Zitrone
    und Petersilie serviert
cozze alla marinara – Muscheln in
    Weißweinsud

D

datteri di mare – Muschelart
dentice – Zahnbrasse

F

fagiolata – Bohnengericht
favata – Kasserole mit Bohnen, Schin-
    ken, Wurst
fegato – Leber
finocchio – Fenchel
focaccia – Brot mit Olivenöl, oft belegt
    mit Zwiebeln oder Tomaten
frittata – Omelett
fritto – frittiert

G

gallina – Henne
gambero – Krebs

I

insalata – Salat
– mista – gemischter Salat
involtini – Fleischrouladen

L

lamponi – Himbeeren
lasagne al forno – überbackenes
    Nudelgericht
latte – Milch
lenticchie – Linsen
lepre – Hase
lesso – gekocht
limone – Zitrone
linguine – schmale Bandnudeln
liquore – Likör
litro – Liter
– un mezzo litro – halber Liter
– un quarto litro – Viertelliter
lumache – Schnecken

M

macedonia di frutta – Obstsalat
maiale – Schwein
manzo – Rindfleisch
alla marinara – Soße aus Tomaten,
    Oliven, Knoblauch, Muscheln und
    Meerestieren
melanzana – Aubergine
merluzzo – Kabeljau
miele – Honig
mille foglie – Torte aus Blätterteig-
    schichten mit Cremefüllung
minestrone – dicke Gemüsesuppe

O

olio – Öl

P

pancetta – Bauchspeck
panettone – leichter Kuchen mit Rosi-
    nen und kandierten Früchten
pappardelle – lange, breite Nudeln
pasta e fagioli – Nudeln mit Bohnen-
    suppe
patate – Kartoffeln
pesce – Fisch
– spada – Schwertfisch

R

pollo – Huhn
polpetta di carne – Fleischbällchen
polpo – Krake
pomodoro – Tomate
porcini – Steinpilze
profiterole – kleine, gefüllte Windbeu-
    tel
prosciutto – Schinken

R

ricotta – weicher Schafmilchkäse
risi e bisi – Reis und Erbsen, in Hüh-
    nerbouillon gekocht
risotto – gekochter Reis mit unter-
    schiedlichen Zutaten

S

salsiccia – würzige Schweinswurst
saltimbocca – Kalbfleisch mit Schin-
    ken, Salbei und Weinsoße
sedano – Sellerie
seppie – Tintenfische
scaloppa – Schnitzel
sogliola – Seezunge
sopressa – dicke Bauernsalami
spezzatino – Gulasch
spinaci – Spinat
stoccafisso – Stockfisch
stracchino – cremiger, weicher Käse

T

tartufo – Trüffel
tonnato – in Thunfischsoße
tramezzino – weiches Sandwich
trota – Forelle

V

verdura – grünes Gemüse
vino – Wein
– bianco – Weißwein
– rosso – Rotwein
vitello – Kalbfleisch
vongole – Venusmuscheln

SERVICE

Anreise

MIT DEM AUTO

An den Gardasee führen aus Deutschland und Österreich alle Wege über München und über Innsbruck zum Brennerpass. Der Brennerautobahn (A22) folgt man weiter bis Bozen. Um zu Orten am nördlichen Gardasee zu gelangen, nimmt man dann die Autobahnabfahrten zwischen Mezzocorona und Rovereto-Nord, für Touren zu Orten des südlichen Garadasees fährt man die Ausfahrten Rovereto-Süd und Affi ab. Vorsicht sollte bei allen Navigationsgeräten walten lassen, wer Orte am Ostufer des Sees, wie z. B. Brenzone, erreichen möchte. Es rentiert sich, erst weiter südlich von der Autobahn abzufahren, denn die Wegführung leitet durch kurvenreiches Gelände, wo so mancher Fahrer nach einer langen Anreise überstrapaziert wird. Und für Wohnmobile und Camper kann sie ohnehin völlig ungeeignet sein.

Für Reisende aus dem Südwesten Deutschlands kann es auch sinnvoll sein, über den Fernpass oder den Arlbergtunnel nach Innsbruck und dann über die Brennerautobahn zu reisen. Reisenden aus der Schweiz bietet sich die Strecke via Lugano/Mailand/A4 Richtung Venedig an. Hier führen die Ausfahrten Desenzano, Sirmione oder Peschiera im Süden an den Gardasee.

Alle Autobahnen kosten Mautgebühr, die Brennerpassage kostet zusätzlich. Autobahntankstellen sind 24 Stunden geöffnet. Auf den Landstraßen gibt es SB-Tanksäulen, die Geldscheine und Kreditkarten nehmen. Die Öffnungszeiten der lokalen Tankstellen sind meist Mo–Fr 7–12.30 und 15.30–19.30 Uhr.

MIT DEM BUS

Europa-Busse fahren Verona und Venedig an. Die Preise sind durchaus attraktiv.

www.eurolines.de
www.touring.de

MIT DEM FLUGZEUG

Die Flughäfen Bergamo, Brescia, Mailand und Verona sind die Destinationen für ein Ziel am Gardasee. Eine Reihe europäischer Airlines bieten Direktflüge: Von Deutschland fliegen Alitalia (www.alitalia.de), Lufthansa (www.lufthansa.de), Air Berlin (www.airberlin.de).

Von Zürich fliegt Swiss nach Mailand (www.swiss.com), von Wien fliegt Austrian Airlines.

Auch Billigflieger haben Destinationen um den Gardasee im Programm. Sie wechseln allerdings ihre Ziele von Saison zu Saison. Germanwings und TUIfly fliegen zurzeit Verona an.

Viele Hotels bieten einen direkten Shuttleservice vom Flughafen zum Hotel am Gardasee an oder man bucht einen Shuttleservice (www.rivieradei limoni.it oder www.lakegardatransfer.com – Abholung auch vom Bahnhof). Man kann auch mit dem Zug vom Flughafen weiterreisen. Zugverbindungen in die größeren Städte im Süden: www.ferroviedellostato.it.

Auf www.atmosfair und www.my climate.org kann jeder Reisende durch eine Spende für Klimaschutzprojekte für die CO$_2$-Emission seines Fluges aufkommen.

MIT DEM ZUG

Von München fahren etwa alle zwei Stunden Euro-City-Züge Richtung Innsbruck, Verona und Venedig. Züge nach Rom halten in der Regel in Trento, Rovereto und in Verona. Direkt ans Schienennetz ist von den Städten am Gardasee in Nord-Süd-Richtung nur Peschiera angeschlossen.

Autoreisezüge fahren von mehreren deutschen Städten aus nach Verona, allerdings meist nur in der Sommersaison: Deutsche Bahn (www.bahn.de), Deutsche Bahn Autozug (www.db autozug.de). Es fahren auch Österreichische Bundesbahn (www.oebb.at), Schweizerischer Bundesbahnen (www.sbb.ch), Trenitalia (www.trenitalia.news-plus.net).

Auskunft

IN DEUTSCHLAND, ÖSTERREICH UND DER SCHWEIZ

Italienische Zentrale für Tourismus ENIT

– Barckhausstraße 10, 60325 Frankfurt/Main | Tel. 0 69/23 74 34 | www.enit.it
– Mariahilfer Straße 1b/ Mezzanin – Top XVI, 1060 Wien | Tel. 01/5 05 16 30-14 | www.enit.it

Reisende aus der Schweiz wenden sich bitte an die Frankfurter Niederlassung.

IN ITALIEN

Die Adressen der Tourismusämter finden Sie bei den Orten im Kapitel DEN GARDASEE ENTDECKEN.

Buchtipps

Saskia Engelhardt: Merian aktiv Gardasee – 66 Ideen für die freie Zeit (Travel House Media, 2013) Zu Action und Events rund um den Gardasee bietet Saskia Engelhardt Wissen, Erfahrung und Kondition. Die Bergsteigerin und Mutter von drei Söhnen hat Nerven und weiß, wie man die Kids beschäftigen kann, den Mann zum Auspowern bringt und wo das am besten rund um den Gardasee geht.

Monika Kellermann: Der Genussführer Gardasee 2013 & 2014 (Collection Rolf Heyne, 2013) Zu Genuss, Wein und Küche rund um den Gardasee bietet Monika Kellermann allumfassendes Wissen. Wer Sehnsucht nach dem Gardasee hat, kann in ihren schönen Büchern schwelgen oder eines der Rezepte nachkochen. Tröstlich!

Bodo Kirchhoff: Die Liebe in groben Zügen (Frankfurter Verlagsanstalt, 2012) Bodo Kirchhoff, der am Gardasee lebt, hat hier einen Ehe- und Sehnsuchtsroman geschrieben, der auch am Gardasee spielt. Es geht um die Suche nach Glück und Liebe, aber es ist kein Liebesroman im klassischen Sinne.

Diplomatische Vertretungen

Deutsches Generalkonsulat

Via Solferino 40, Mailand | Tel. 02/6 23 11 0 1

Österreichisches Konsulat

Piazza del Liberty 8/4, Mailand | Tel. 02/78 37 43

Generalkonsulat der Schweiz

Via Palestro 2, Mailand | Tel. 02/7 77
91 61 | www.eda.admin.ch/milano

Feiertage

An den nationalen Feiertagen sind alle Büros, Behörden, Banken und die meisten Geschäfte geschlossen.

1. Januar Neujahr
6. Januar Hl. Dreikönig
März/April Ostern
25. April Tag der Befreiung
1. Mai Tag der Arbeit
Mai/Juni Pfingsten
2. Juni Nationalfeiertag
15. August Mariä Himmelfahrt (Ferragosto)
1. November Allerheiligen
8. November Mariä Empfängnis
25. Dezember 1. Weihnachtsfeiertag
26. Dezember 2. Weihnachtsfeiertag/ Santo Stefano

Geld

Es gibt ein gutes Netz an Geldautomaten, man kann überall wie gewohnt Bargeld ziehen.
Kreditkarten werden in fast allen Hotels, Restaurants und Geschäften akzeptiert. Manche Hotels am Gardasee gewähren den Kunden drei Prozent Nachlass, wenn sie bar bezahlen.
Banken sind in der Regel Mo–Fr 8.30–13.30 und 14.30–15.30 Uhr geöffnet.

Kleidung

Bitte achten Sie darauf, nur mit angemessener Kleidung Kirchen zu besuchen (Frauen sollten die Schultern bedeckt haben und keine zu kurzen Röcke tragen, Männer bitte im geschlossenen Hemd).

Links und Apps

W-LAN heißt in Italien WiFi. In großen und mittleren Hotels ist WiFi verfügbar, oft auch kostenlos. An Autobahnraststätten werden kostenlose Spots bereits vorher mit dem Zeichen WiFi angekündigt (www.hotspot-locations.de). Im Norden der Region gibt es häufig Hotspots an öffentlichen Plätzen und Straßen.

LINKS

Der Gardasee gehört zu den drei unterschiedlichen Regionen Trentino, Veneto und der Lombardei. Diese Gliederung findet sich auch in den touristischen Webseiten wieder:
www.visitgarda.com, www.gardasee.it und **www.lagodigarda-e.it**
Geben einen guten Überblick über alle Regionen.
www.gardatrentino.it
Die Webseite für den Norden.
www.lagodigardaveneto.com
Das Veneto: Osten und Süden.
www.gardalombardia.com
Lombardei: Süden und Westen.
www.sport-gardasee.de
Hier sind vor allem sportliche Aktivitäten gut aufgearbeitet.
www.monika-kellermann.de
Gutes Essen, gute Restaurants, viele kulinarische Geheimtipps.
www.gardasee.de
Die Webseite des Münchners Hubert Kiebler bietet einen guten Service.

APPS

www.lago-di-garda.org
Gardasee-Portal, verschafft einen wertvollen Überblick über das breit gefächerte Angebot z. B. an Hotels.
Für iPhone gratis

www.genuss-lifestyle.de
Winzer, Restaurants, Feinkostläden, Nightlife. Es gibt News rund um den Gardasee. Auch im App-Store.
smartphones | 2,95 €.

www.outlet-village.it/fashion-district-arriva-la-nuova-app-per-iphone
Für Fashion-Victims und Shopping-Freunde italienischer Mode, allerdings nur in italienischer Sprache.
Für iPhone | gratis

Medizinische Versorgung

KRANKENVERSICHERUNG

EU-Bürger bekommen medizinische Versorgung mit der EHIC (European Health Insurance Card) oder einem Auslandskrankenschein der eigenen Krankenkasse. Privatpatienten werden gegen Barzahlung oder Kostenübernahmegarantie der privaten Krankenkasse (per Fax) behandelt.
Eine private Auslandsreisekrankenversicherung ist zu empfehlen.

KRANKENHAUS

Krankenhäuser gibt es am Gardasee in Malcésine, Peschiera und Desenzano. Außerdem gibt es das Ospedale di Trento in Trient, Kliniken in Rovereto, Arco, Gavardo, Bussolengo und in Verona. Notaufnahme heißt Pronto Soccorso. In der kostenlos ausliegenden »Gardaseezeitung« findet man auch deutschsprachige niedergelassene Ärzte und Zahnärzte.

APOTHEKEN

Das grüne Kreuz ist das Symbol für Apotheken, sie heißen »Farmacia«. Geöffnet sind Apotheken meist Di–Sa 8–13 und 14–20, Montag 16–20 Uhr. In Touristenorten sind sie oft auch ganztägig und sonntags geöffnet.

Nebenkosten

Preise auf der Terrasse sind höher als an der Bar.

1 Espresso	1–3 €
1 Bier	2–5 €
1 Cola	2–5 €
1 Brot (ca. 500 g)	ab 1 €
1 Schachtel Zigaretten	ab 4 €
1 Liter Benzin	ab ca. 1,67 €
1 Fahrt mit dem Bus (Einzelfahrt)	1 €
Mietwagen / Tag	ab ca. 40 €

Notruf

Feuerwehr Tel. 115
Polizei Tel. 113
Rettungsdienst Tel. 112
Sanitätsnotrufnummer Tel. 118
Unter 112 wird meist auch Englisch gesprochen.

Post

Briefkästen gibt es in roter Farbe, sie sind für normale Post. Es gibt auch Expresspostkästen, diese sind blau. Postämter haben normalerweise montags bis freitags 8.15–14 und Sa 8.15 bis 12/14 Uhr geöffnet. Briefmarken gibt es in Postämtern, Tabakläden und in Bars. Sie heißen »francobolli«. Eine Postkarte nach D, A, CH kostet 0,85 €.

Reiseknigge

MUSEEN UND KIRCHEN

Die meisten Museen haben montags geschlossen. In der Hochsaison allerdings nicht, da können die Öffnungszeiten sehr unterschiedlich sein. Kirchen sind in den Mittagsstunden geschlossen. Kleine Kirchen im Hinterland sind oft nur zum Gottesdienst geöffnet.

RAUCHEN

Es gilt Rauchverbot in öffentlichen Räumen. Also auch in Bars, Restaurants und anderen Lokalen. Bei Verstoß drohen Strafen bis zu 250 €.

TRINKGELD

Es ist üblich, Trinkgeld zu geben. Man lässt sich zuerst das Wechselgeld herausgeben und legt das Trinkgeld auf das Tellerchen oder in die Mappe mit der Rechnung. Geben Sie nach Zufriedenheit ca. 5–10 %.

Reisezeit

Am Gardasee ist immer Saison. Das Klima ist sehr mild, da die Berge im Norden die Kälte fernhalten. Am See fällt nur ganz selten Schnee, auch erreichen die Temperaturen im Winter gerade mal den Gefrierpunkt. In den Sommermonaten steigt das Thermometer tagsüber manchmal auf mehr als 30 Grad an, es ist dann auch nachts noch angenehm warm.

Frühjahr und Herbst gelten als die besten Reisezeiten. Im April/Mai bietet der See eine reiche Blütenpracht. Im Juni ist es auf den Berghängen des Monte Baldo außergewöhnlich prächtig. Voll ist es am, um und im Gardasee im Juli/August.

Der Herbst zieht mit Dunst über den See, sodass sich die Berge wie hinter einem Schleier verlieren. Das macht das Ambiente etwas mystisch. Ein Geheimtipp ist noch die Weihnachtszeit.

Sicherheit

Wo viele Touristen sind, gibt es auch den einen oder anderen Langfinger, der versucht, sich zu bereichern. Grundsätzlich ist es angebracht, Handtaschen nicht offen zu tragen. Rucksäcke sind nur vermeintlich bequem. Wer die Geldbörse im hinteren Fach verwahrt, sollte sich nicht wundern, wenn einer im Gedrängel genau da aufmacht und stiehlt.

Frecher sind die Diebe beim Diebstahl aus Autos. Durchs Schiebedach oder geöffnete Beifahrerfenster entreißen Mofagangs die Handtasche vom Sitz.

Klima (Mittelwerte)

	Januar	Februar	März	April	Mai	Juni	Juli	August	September	Oktober	November	Dezember
Tagestemperatur	5	7	12	17	20	24	29	26	24	16	11	6
Nachttemperatur	1	1	4	9	13	17	19	18	15	10	5	2
Sonnenstunden	3	4	5	6	7	9	10	8	7	5	3	3
Regentage pro Monat	5	5	7	9	9	10	7	6	5	8	8	6
Wassertemperatur	8	6	8	10	13	18	20	21	19	16	12	10

Strom

Die Stromspannung beträgt 125 oder 220 Volt. Deutsche Stecker passen meistens, aber nicht überall. Manchmal ist ein Zwischenstecker hilfreich.

Telefon

VORWAHLEN

D, A, CH ▶ **Gardasee** 00 39
Gardasee ▶ **D** 00 49
Gardasee ▶ **A** 00 43
Gardasee ▶ **CH** 00 41

Bei Gesprächen in Italien ist die Null immer dabei, sowohl bei Anrufen aus dem Ausland als auch bei Ortsgesprächen. Wenn sie nicht angegeben wird, handelt es sich um eine Mobilnummer.

Tiere

Hunde und Katzen benötigen einen EU-Heimtierausweis (stellt der Tierarzt aus) mit Nachweis einer Tollwutimpfung. Den gibt es beim Tierarzt. Das Tier muss durch einen Mikrochip identifizierbar sein.

In vielen Hotels sind Hunde willkommen. Es empfiehlt sich aber, dies vor der Anreise zu klären. Leine und Maulkorb sollten immer mitgeführt werden, in öffentlichen Gebäuden und Verkehrsmitteln sind sie Pflicht.

In einigen Orten sind Hunde auch an den Stränden willkommen und können dort sogar baden.

www.gardasee.de/allgemeine-informationen/urlaub_mit_hund

Verkehr

AUTO

Für Autos und Motorräder gilt in geschlossenen Ortschaften das Tempolimit von 50 km/h, außerorts sind es 90 km/h, auf der Autobahn 130 km/h, bei Regen aber nur 110 km/h. Wohnmobile und Pkw mit Hänger unterliegen eigenen Bestimmungen.

Die Alkoholgrenze liegt bei 0,5 Promille. Es besteht Anschnallpflicht. Das Telefonieren während der Fahrt ist nur mit Freisprechanlage erlaubt. Es muss überall und jederzeit mit Abblendlicht gefahren werden. Eine Warnweste griffbereit im Auto ist Pflicht. Auf der Autobahn gibt es gelbe Notrufsäulen, der Pannendienst ist unter Tel. 8 00 11 68 00 (ACI) zu erreichen.

Öffentliche Parkplätze sind durch weiße und blaue Markierungen gekennzeichnet. Die blauen Parkplätze sind gebührenpflichtig. Parkverbot ist durch gelbe Markierungen gekennzeichnet. Falschparken ist teurer als in Deutschland oder Österreich. Strafzettel, die in Italien ausgestellt werden, werden auch in Deutschland eingetrieben, wenn sich die Summe auf über 50 € beläuft.

FAHRRAD

Das Fahrrad ist am Gardasee eher als Sportgerät anzusehen denn als Verkehrsmittel zur Fortbewegung von Ort zu Ort.

MIETWAGEN

»Autonoleggio«, also Leihwagen, gibt es in vielen Orten rund um den See. In der Hauptsaison empfiehlt es sich, vorab zu reservieren.

www.billiger-mietwagen.de

ÖFFENTLICHE VERKEHRSMITTEL

Die Orte am Ufer des Gardasees sind über ein gut ausgebautes Busnetz verbunden. Fahrkarten gibt es am Auto-

maten, am Kiosk oder in Geschäften. Beim Busfahrer kann nur in seltenen Fällen bezahlt werden. Die Tickets müssen also im Voraus gekauft werden. Ab Rovereto fahren Linienbusse an das Nordufer.
www.aptv.it

SCHIFF

Fast jeder Ort am Gardasee ist auch per Schiff erreichbar.
Fahrplan und Preise unter www.navigazionelaghi.it
Von März bis Sept. werden Ausflugsfahrten durchgeführt. Infos dazu gibt es bei den Touristbüros.

Zeitungen und Zeitschriften

Deutsche Zeitungen und Magazine sind an vielen Kiosken erhältlich. Die deutschsprachige Gardaseezeitung www.gardaseezeitung.it enthält Events sowie Schiffs- und Busfahrpläne.

Zoll

Reisende aus Deutschland und Österreich dürfen Waren abgabenfrei mit nach Hause nehmen, wenn diese für den privaten Gebrauch bestimmt sind. Bestimmte Richtmengen sollten jedoch nicht überschritten werden (z. B. 800 Zigaretten, 10 l Spirituosen, 60 l Schaumwein, 10 kg Kaffee). Weitere Auskünfte unter www.zoll.de und www.bmf.gv.at/zoll.
Reisende aus der Schweiz dürfen Waren im Wert von 300 SFr abgabenfrei mit nach Hause nehmen, wenn diese für den privaten Gebrauch bestimmt sind. Tabakwaren und Alkohol fallen nicht unter diese Wertgrenze und bleiben in bestimmten Mengen abgabefrei (z. B. 200 Zigaretten oder 2 l Wein). Weitere Infos unter www.zoll.ch.
Die Einfuhr von Souvenirs, die aus geschützten Tieren gefertigt wurden, ist verboten.

Entfernungen (in Kilometern) zwischen wichtigen Orten

	Bardolino	Garda	Lazise	Limone	Malcésine	Riva	Salò	Sirmione	Torbole	Toscolano-Maderno	Verona
Bardolino	–	3	6	60	32	50	47	26	46	51	29
Garda	3	–	9	57	29	47	50	29	43	57	33
Lazise	6	9	–	62	38	56	56	20	52	48	24
Limone	60	57	62	–	28	10	39	69	14	30	90
Malcésine	32	29	38	28	–	18	79	49	14	58	62
Riva	50	47	56	10	18	–	47	67	4	40	80
Salò	47	50	41	39	79	47	–	27	51	7	56
Sirmione	26	29	20	69	49	67	27	–	72	34	35
Torbole	46	43	52	14	14	4	51	72	–	44	76
Toscolano-Maderno	51	57	48	30	58	40	7	34	44	–	76
Verona	29	33	24	90	62	80	56	35	76	76	–

Erlesene

Auf den Spuren berühmter
Persönlichkeiten

Ziele

MERIAN
Die Lust am Reisen

ORTS- UND SACHREGISTER

Wird ein Begriff mehrfach aufgeführt,
verweist die **fett** gedruckte Zahl auf die Hauptnennung.
Abkürzungen: Hotel [H] · Restaurant [R]

Liebe Leserinnen und Leser,

vielen Dank, dass Sie sich für einen Titel aus unserer Reihe MERIAN *momente* entschieden haben. Wir wünschen Ihnen eine gute Reise. Wenn Sie uns nun von Ihren Lieblingstipps, besonderen Momenten und Entdeckungen berichten möchten, freuen wir uns. Oder haben Sie Wünsche, Anregungen und Korrekturen? Zögern Sie nicht, uns zu schreiben!

Alle Angaben in diesem Reiseführer sind gewissenhaft geprüft. Preise, Öffnungszeiten usw. können sich aber schnell ändern. Für eventuelle Fehler übernimmt der Verlag keine Haftung.

© 2014 TRAVEL HOUSE MEDIA GmbH, München
MERIAN ist eine eingetragene Marke der GANSKE VERLAGSGRUPPE.

TRAVEL HOUSE MEDIA
Postfach 86 03 66
81630 München
merian-momente@travel-house-media.de
www.merian.de

Alle Rechte vorbehalten. Nachdruck, auch auszugsweise, sowie die Verbreitung durch Film, Funk, Fernsehen und Internet, durch fotomechanische Wiedergabe, Tonträger und Datenverarbeitungssysteme jeglicher Art nur mit schriftlicher Genehmigung des Verlages.

BEI INTERESSE AN MASSGESCHNEIDERTEN MERIAN-PRODUKTEN:
Tel. 0 89/4 50 00 99 12
veronica.reisenegger@travel-house-media.de

BEI INTERESSE AN ANZEIGEN:
KV Kommunalverlag GmbH & Co KG
Tel. 0 89/9 28 09 60
info@kommunal-verlag.de

1. Auflage

VERLAGSLEITUNG
Dr. Malva Kemnitz
REDAKTION
Juliane Helf
LEKTORAT
Waltraud Ries
BILDREDAKTION
Kathrin Schäfer
SCHLUSSREDAKTION
Christiane Gsänger
HERSTELLUNG
Bettina Häfele, Katrin Uplegger
SATZ
Nadine Thiel, kreativsatz, Baldham
REIHENGESTALTUNG
Independent Medien Design, Horst Moser, München (Innenteil), La Voilà, Marion Blomeyer & Alexandra Rusitschka, München und Leipzig (Coverkonzept)
KARTEN
Gecko-Publishing GmbH für MERIAN-Kartographie
DRUCK UND BINDUNG
Firmengruppe APPL, aprinta Druck, Wemding

Ein Unternehmen der
GANSKE VERLAGSGRUPPE

PEFC
PEFC/04-32-0928

GESTERN & HEUTE

Hier ist der Hafen von **Riva del Garda** (▶ S. 137) um 1900 zu sehen. Damals steckte der Tourismus noch in den Kinderschuhen. Sehr beschaulich und nahezu leer wirkt der Ort auf diesem Photochromdruck. Gute 100 Jahre später hat man sich mit einem Restaurant am Hafen und viel mehr Ausflugsschiffen auf den Tourismus eingestellt. Sonst hat sich nicht viel geändert: Immer noch wirkt alles ruhig und friedlich. Zumindest in den frühen Morgenstunden.